智元微库
**OPEN MIND**

成 长 也 是 一 种 美 好

# 这样和孩子相处

## 给孩子足够好的原生家庭

刘颋颋 ⇨ 著

人民邮电出版社

北京

**图书在版编目（ＣＩＰ）数据**

这样和孩子相处：给孩子足够好的原生家庭 / 刘颋颋著. -- 北京：人民邮电出版社，2021.10
ISBN 978-7-115-57255-4

Ⅰ. ①这… Ⅱ. ①刘… Ⅲ. ①亲子关系－家庭教育 Ⅳ. ①G78

中国版本图书馆CIP数据核字(2021)第175516号

◆ 著　刘颋颋
责任编辑　张渝涓
责任印制　周昇亮

◆人民邮电出版社出版发行　　北京市丰台区成寿寺路 11 号
邮编 100164　　电子邮件 315@ptpress.com.cn
网址 https://www.ptpress.com.cn
大厂回族自治县聚鑫印刷有限责任公司印刷

◆开本：880×1230　1/32
印张：8.5　　　　　　　　　　　2021 年 10 月第 1 版
字数：200 千字　　　　　　　　2021 年 10 月河北第 1 次印刷

定　价：59.80 元
读者服务热线：（010）81055522　印装质量热线：（010）81055316
反盗版热线：（010）81055315
广告经营许可证：京东市监广登字 20170147 号

# 推荐序

## 拓宽你的心灵空间

锤炼了一年多后，刘老师的这本书终于推出了。

每位资深心理咨询师都有其持续的关注点，而且会围绕这个关注点倾注大量的心血，从而对此形成深刻的感知。

如果对自己的关注点加以理论梳理，并把自己的深刻感知清楚地表达出来，就会是一本很好的书，也一定会给读者带来启发。刘老师这本《这样和孩子相处》就是这样一本好书。

其实，资深的咨询师们之所以如此关注某个点，往往是因为那正是他们的命运、他们的人生、他们的情结。

例如我自己，之所以总是在讲"老好人"，恰恰是因为我本人就是这样的"老好人"，所以对此有深刻的认识与感知。

而刘老师之所以会研究这个主题，同样是缘于很直观的事实：她来自教师世家，她的父母都是教师，并且她的家族中有多位教师。

按说教师教书育人，会更懂教育孩子，但也有一些教师反而更容易对自己的孩子过度控制甚至逼迫，严重压缩孩子的心灵空间。

当然，这往往是因为他们自身的心灵空间被压缩了。

说到心灵空间，我讲一个故事。

我的一位来访者，毕业于重点大学，认知能力很好，但她对自己和他人，似乎毫无观察能力，因为她的心灵空间被焦虑充满了。

所有焦虑，背后都是死亡恐惧。例如这位来访者，她对自己的形容是，她觉得自己这一生都走在钢丝绳上，这边是刀山火海，那边是悬崖。

因此，她的注意力都用在保持平衡上了，没有多余的内在空间去反思自己和观察他人。

但经过一年的心理咨询后，她突然觉得自己从钢丝绳上走下来了，从此后，她有了足够的内在空间可以去观察自己和他人了。

几年后，她发生了更深刻的改变。她感觉有些如黑色潮水般的东西从心灵中褪去，然后她发现，自己内心如此宽广，并拥有很多美好的东西。

她还发现，自己的丈夫和孩子、自己周围的人都特别好；而以前，她觉得周围一切都是不好的，她很容易对人、对事物持批评否认的态度。

那股像潮水般褪去的东西，是羞耻感。

羞耻感是对自我的否认、攻击和破坏，也可以说是一种不配得感，就是一个人觉得"我真差，我实在是太无力、太无助、太弱小了"。这位来访者过去被这种感觉所淹没，如同在黑色的潮水中挣扎，所以她觉得自己的内在空间糟透了，这份感觉投射到外界，她就觉得周围世界糟透了。

当这些占满她心灵空间的羞耻感褪去后，那些好的感觉，也就是对自己接纳的感觉，才会涌进来。

刘老师的这本书中讲的空间感，基本上也是这个意思。

现在有不少人觉得只有不断增强自己，让自己有用，才是唯一可走的路。其实那不过是一条发展"工具性自我"的路，因过于追求他人认同，于是当自己不够好、不够有用时，就会觉得自己差劲极了，羞耻感油然而生。

当被羞耻感淹没时，人会有共同的反应，就是看不见自己的好，也看不见周围人和世界的好。

于是，那些看上去很好的心理学道理，就只能在自己头脑中占据一些空间，却难以占据真正有价值的心灵空间。

同时，自己的孩子、伴侣乃至自己，也难以在自己的心灵空间中存在。

作为心理学博士，刘老师受过极为系统的训练，咨询经验非常丰富，加上她自己原生家庭的问题……这些都促成了她对这个话题的专注——如何拓宽自己的心灵空间。

这是一个极好的主题，相信大家会在学习这个主题时，能体验到一些心灵空间拓宽的感觉。

愿我们每个人都能少遭受羞耻感的折磨，多一些心灵空间去容纳各种美好的东西。

武志红

# 自序

## 空间与容纳

很高兴能有机会与人民邮电出版社合作出版这本书。

我是一名儿童青少年咨询师，在工作中接触了很多孩子和家庭。

期间发现，现在很多父母都注重"靠知识养孩子"。为了能够更好地教育孩子，大家会去听很多亲子课、看很多育儿书；遇到困难的时候，会主动求助于专业人员。

"靠知识养孩子"的确是一种进步，比如我们会给婴儿做按摩操，因为知识告诉我们婴儿需要皮肤的接触；我们会尝试给孩子讲道理，因为知识告诉我们纯粹打骂孩子非但不能帮助孩子成长，反而会给孩子的心理造成创伤。

那么有了这些知识，是不是养育孩子、和孩子相处就没有任何问题了呢？答案显然是否定的。我将"靠知识养孩子"的父母反馈的问题总结为下面三类。

**第一类，书上的知识我都懂，但为什么我就是做不到**

很多父母理智上很清楚该怎么做，但和孩子相处的时候，尤其是和孩子之间爆发矛盾的时候，就做不到客观理性了。比如有一位妈妈对我说："我生气的时候好像失去了控制，明知道哪些话最伤孩子的心，还专拣那些话说，说完了又后悔、自责。"

因此，我们需要关注自己内在的非理性思维。

**第二类，书上说的都是"别人家的孩子"，我不知道怎么判断自己的孩子是否有问题**

育儿知识大多都是从大部分孩子的发展特点总结出来的，但其实每个孩子都有各自独特的先天气质和心理发展轨迹，当父母面对这个独特的个体时，可能会失去判断力。

比如一个孩子性格比较安静、内向，父母就很难判断这是孩子的先天气质发展的自然结果，还是这个孩子遇到了困难，变得抑郁、退缩。

**第三类，书上说的都是"专家级的父母"，我不知道怎么判断自己是否有问题**

不仅孩子有独特的先天气质和心理发展轨迹，父母也有其独特的性格，家庭也有其独特的关系模式。但书本提供的"专家意见"，通常缺乏针对性，因此某些父母就会变成"书本妈妈""书本爸爸"，他们严格按照书本知识养育孩子，结果却出现很多问题。

针对上面这几类问题，本书除了介绍基本知识，更着重于提供以下内容。

## ● 提供大量的案例分析

我会给大家深入讲述一些家庭故事。"靠知识养孩子"最大的问题就是，我们没有真正理解自己，也没有理解我们的孩子，对于儿童的成长，可能只知道表面的相关知识，却没有理解这些知识深层的内在逻辑。而故事可以带给我们深层的情感共鸣，引发我们对自身问题的联想和理解，同时又可以帮助我们理解复杂理论的内部因果关系。

## ● 为父母的自我探索提供方法

如果被病毒感染了，我们没有办法直接看到病毒，但我们会发烧、会感到疼痛，这些症状提醒我们身体出问题了。同样，我们没有办法看到自己的内在心理活动，但我们能从身体体验、情绪体验，以及自我反思中发现某些内在逻辑。而如何探查自己的心理，我会在书中详细讲述。

## ● 为孩子的心理健康提供测查方法

虽然孩子的心理发展不像医学检查那样具有精确的参考标准，

但我们依然可以通过对孩子的一些外显情绪和行为进行敏锐的观察来找到一些参考。如何观察孩子、理解孩子，我也会在本书中提供一些策略与方法。

为了更深入地理解儿童发展及亲子关系，本书引入了一个比喻：空间和容纳。这个比喻并不是我的独创，著名的精神分析学家比昂（Bion）的一位患者曾对他说："我不能容纳某些东西！"这句话深深打动了比昂，他由此提出了"容纳与被容纳者是精神分析的元素之一"的重要概念。

我发现，不仅在个体的内部世界有一个"容器"，它容纳或拒绝容纳个体的情感体验和内心活动，在亲子关系中，也存在一个"容器"。比昂也提出："爱的模式存在于妈妈和婴儿的关系中，他们都能通过容纳和被容纳的体验共同成长。"

为了帮助读者们更好地理解"空间与容纳"这一概念，在整本书中，我都会用"房屋"作类比。我们每天都在房屋中生活、工作，房屋是容纳我们的最重要的空间。我想我们的内心也是一个"房屋"，容纳我们的各种内在体验和活动；我们的关系也是一个"房屋"，容纳着关系中的每个人及彼此的互动。

在这个概念的基础上，我想和大家一起做两件事情。

### 第一，整理内在空间及养育孩子的空间

我们不难理解，养育孩子需要一个外在空间。当一个家庭准备

养育孩子的时候，通常会为孩子腾出一些空间，例如安放一个婴儿床，或者一个玩具箱。但如果父母居住的环境拥挤不堪，确实很难为孩子腾出这样的空间来；或者父母还没有真正准备好成为父母，平日里也不想回到自己的房子，那回家照顾孩子就会变成沉重的压力和负担。

同样的道理，养育孩子也需要一个内在空间。也就是说，父母的内心要有足够的空间，可以容纳孩子。如果父母的内在空间被自己的负面情绪填满了，被自己的需要及过往的创伤占据了，就没有办法理解和养育孩子。只有当我们情绪平静，愿意尝试理解孩子的感受和需要，良好的养育才会发生。

整理内在空间并不容易，因为我们的内在空间会受到一些固定的内在逻辑的影响。如何发现这些内在逻辑，只能依靠我们重新理解自己的人生经历。

**第二，理解我们过往的人生经历怎样塑造了我们的内在空间**

我们会选择生活在一个什么样的房子里，我们的房子有什么样的特点和风格，和我们过往的经历有关，也和我们的性格有关。同样地，作为父母，我们从小到大生活的空间、我们的生活经历，也在塑造着我们的内在空间。

正是我们的成长经历形成了这些隐藏在潜意识中的内在逻辑。例如，有些父母从小是学霸，学习非常勤奋、努力，成绩优异，但是孩子可能成绩很不理想，父母会很失望地说："你怎么就不像我小时候一样呢？"有可能这个孩子的确存在一些学习方法、学习态度等现实的困难，但也有可能，这些父母在小时候成为学霸、乖孩子的时候，内心会有一些冲动，其实不想那么努力，也想做个自由自在、可以时常做些调皮捣蛋事情的孩子，只是这些冲动被自己压抑了，当他们和孩子相处的时候，这些被隐藏、被压抑的潜意识就被自己的孩子实现了。

我希望通过本书和大家一起探索每个人自身这个小空间的内在逻辑，同时也一起探索我们养育孩子、培养亲子关系这个大空间的内在逻辑，从而更好地和孩子相处。

本书分为四个部分。

第一部分，讲述个人的内在空间有怎样的特点，以及亲子关系中的空间的重要意义。

第二部分，根据孩子成长阶段的不同，给大家讲述一些家庭故事，在这些家庭故事中，因为父母没有很好地整理自己的内在空间，没有解决自己内心的冲突和矛盾，所以没办法在内心腾出一个足够容纳孩子的空间，没办法给孩子提供一个适合其成长的环境。我不是想指责这些父母做错了什么，而是希望通过这些家庭故事，帮助父母们理解自己面临的困境，理解自己内在的需求及脆弱。

第三部分，讲述如何改善和发展父母的内在空间。有很多人把做父母视为一项沉重的任务，视为一味地付出和牺牲。其实，为人父母是人生中一个重要的发展阶段，在这个阶段，具备"养育"功能的父母，在养育一个新生命的同时还会完成自我发展和自我成长。简而言之，我们将会寻找新的资源，重新"养育"自己，让自己的内在空间变得更稳定、更舒适，让自己有新的机会获得高质量的生活。

第四部分，探讨养育孩子的有效方式，也就是怎样建立一个帮助孩子健康成长的亲子空间。

让我再次借用"空间和容纳"这个概念，如果我们能够有一套属于自己的住宅，里面安全、可靠、干净、舒适，可以容纳我们富有个性化的私人物品。当我们需要独处时，可以安心地置身其中；当我们需要交流时，可以随时打开房门欢迎来客……那一定会让我们倍感舒心。同样地，如果我们拥有一个安全、稳定的内在空间，让我们既能够拥有自己的兴趣爱好、享受独处的时光，又能够开放地与他人交流，我们就能拥有良好的生活质量。作为父母，只有我们自己的内在空间足够安全、舒适，我们才能够在这个空间里为孩子留出一个特定的空间，满足孩子的成长需要，允许他们独处，也欢迎他们与我们交流，这样我们才能拥有一个高质量的亲子关系，给孩子足够好的原生家庭。

期待本书可以在这些主题上带给大家一些启发和思考。

# 目录

# 第一部分

ONE

原初的爱之空间

# 孩子在成长，空间在变化

做父母，并不是养育孩子过程的单方面付出，而是我们的一个新的人生阶段、新的成长机会。成为足够好的父母，不仅能为孩子提供一个足够好的成长空间，也会拓展我们自己的内在空间，养育我们内在的"孩子"，让我们自己和我们的孩子共同成长。

先和大家一起做一次心理探索。

放松身体，让自己尽可能坐得舒服一些，闭上眼睛，把注意力慢慢放到自己的身体上，当感觉自己的身体足够舒适后，把注意力转移到自己的呼吸上，慢慢地吸气，缓缓地吐气，如此反复三次。想象一下，现在我们面前出现了一条路，路的尽头是我们曾经住过的一幢房子，向着这幢房子走去，走近这幢房子的时候，我们看到它的墙壁、大门，听到一些熟悉的声音，推门进去，空气中弥漫着曾经熟悉的气味，阳光从某个特定的角度照进来，房间里没有其他人，所有的摆设都在自己熟悉的地方。现在，选择自己最熟悉的一个位置轻轻坐下来，把整个房间仔细地看一遍，体验记忆在自己头脑中慢慢浮现。

此时，我们的小小旅程需要停下脚步，慢慢站起身，在门口把这个房间再仔细看一遍，然后推门出来，轻轻关上门，锁好门锁。回到我们最初来的那条路上，慢慢地走向远处，回到真实的感受中，感受自己的呼吸，深呼吸三次，回到现实中。

我非常好奇大家回忆起的房间是什么样子的，那里面究竟承载了什么样的记忆。让我们一起来看看我们曾经居住的房子吧。

## ● 它的地基和墙壁是坚实的吗

房子的地基和墙壁是整幢房子的基础保障，没有人愿意将房屋建在沙滩上。它对应着内在空间的安全感，如果缺乏安全感，我们的内心就会被不确定、恐惧和焦虑填满。

## ● 它的内部空间是否宽敞

如果房子的空间不够，住在里面的人就很难自在地生活，就会感觉非常压抑；相应地，如果我们的内在空间不够，里面堆满了梳理不清的情绪、记忆和混乱的思维，我们就无法安稳、自由地感受生活。

## ● 每个房间的功能清晰吗？房门能够关闭吗

房间内部的房门将整个房间分隔成功能清晰的不同空间，而房门可以保护内部的界限，也确定了整个房间与外部世界的界限。一个人内在空间的界限，体现为可以在不同场合表现出不同的适应功能，在不同的关系中既可以建立开放的沟通，又可以建立清晰的界限，彼此尊重。

## ● 房间是否整洁

如果房间脏乱差，住在里面的人生活也会一片混乱；但房间如果过分整洁，又会让我们联想到高级宾馆。对应于内在空间，我们每个人都会有负面情绪、有"邪恶的念头"、有缺点和不足，如果让这些东西完全占据了我们的内在空间，就可能严重影响我们的正常生活；但如果总想把这些东西清理得干干净净，我们的人生就会缺乏烟火气，并生出"生人勿近"的苛责。

## ● 整个房子内部的气息是怎样的

房子的气息是个玄而又玄的存在。有的房子，里面并没有什么高档家具，但布置得温馨又贴心，让人一进去就觉得非常舒服，就想住下来不走了；而有的房子，虽然里面什么也不缺，甚至布置得很奢侈，但就是让人觉得冷冰冰的，让人觉得沉闷、压抑，想赶紧离开。我们的内在空间也有这样的气息存在，有些人让人想亲近，有些人则很容易就让人"闻"出特殊的气味，想要远离。

## ● 房间里有没有隐藏的小故事

一幢老房子里可能会有几张旧照片，可能会有几件放在角落里却从来不愿意丢弃的小物件，它们记录着很多的往事与回忆。在我们每个人的内心也都有一些铭记在心的独特记忆，这些记忆建构了个人特殊的意义。

## ● 住在房子里的人和这幢房子的关系是怎样的

有些人喜欢回家，和自己的房子建立了亲密、依赖的关系；有些人愿意在外面忙于工作和应酬，对他们来说，家只是一个睡觉和储物的地方。相应地，有些人喜欢回到自己的内心，经常会感受内心的体验；有些人更愿意追求外在的刺激，不愿意感受内心的体验。

下面分享几个和房间有关的小故事。

有一位女性，她和丈夫在职场上都非常成功，家里的经济条件不错。她和父母、孩子、丈夫、保姆一起住在一套多层别墅里。但在这么大的房子里，这位女性依然感觉没有一个真正属于自己的房间。她描述说："我在家里无论做什么，总有人随时会推开我的门。有时是保姆给我送水果，有时是孩子找我玩，有时是其他人要和我说话。"在这个大房子里，她最深的感受就是太吵了、太累了。她甚至偶尔会独自去住宾馆，她说："哪怕只是一个下午，但起码那是一个安静的、专属于我的空间，没有人来打扰我。"这位女性的理智告诉自己：我已经很累了，我需要一个地方安静地休息一下。但是她的潜意识空间是没有边界的，在潜意识中她不允许自己拥有保护自己的权利，因此她无法在家庭中坚定地关门，和家人建立有界限的关系。这是一个关于空间与界限的故事。

有个朋友和我讲，她对小时候住了很多年的房子没什么印象了，却对床下的一个小老鼠洞记忆清晰，她从未见过那个小洞穴的主人，但她会偷偷把一些食物放在洞口，过段时间发现那些食物没有了，她会感到很开心。这是一个关于孤独和交流的故事，一个孤独的小女孩将接触小动物的记忆锁定在了那个洞口，那些从未见过面的小家伙们成了她的秘密朋友。

读到这里，你可以试着在生活过的空间和自己的内心、自己的内在空间之间建立一个联系。接下来，我们来探索在我们养育孩子的空间和亲子关系之间再建立一个联系。

如果一个家庭已经为迎接新生儿做好了足够的准备，那将会是一个安全、温暖而有支持性的空间。房间里弥漫着新生儿特殊的气息，随手可触的是婴儿的玩具、尿布、湿巾等，初为父母的年轻夫妻可能会显得手忙脚乱，但这些都是非常自然的。随着孩子的成长，他们需要的空间越来越大，他们爬行、行走、奔跑，不断探索空间的边界，也需要空间不断变化来满足他们的成长需要。对一个小学生来说，一张书桌、一个安静的学习环境，都是重要的成长空间；对一个青少年来说，可能需要自己能够决定房间的布置，需要房门能够关闭，独立与分离是他们对空间的主要需求。让我们看一看养育孩子的空间有什么特点。

## ● 这个房间安全吗

我们整个家庭居住的房间有坚实的地基和保护性的墙壁，作为里面的一个小房间，育婴室安全吗？这个部分对应着父母自己内心的安全感，以及在养育中能否为孩子提供足够的安全感。

## ● 这个房间是否宽敞？是否可以根据孩子成长的需要不断变化

我们给宝宝一张婴儿床，接下来换成了单人床，接着有了孩子的书桌、书柜、衣柜。我们无法想象让一个青少年仍旧睡在婴儿床里；同样的道理，随着孩子的成长，他们的心理需求也会越来越复杂、越来越丰富，父母能否根据他们的需要，不断调整养育关系中的空间，会直接影响孩子的发展和成长。

## ● 每个房间的功能是否清晰？房门是否能够关闭

在父母的大房间和孩子的小房间之间，能否允许孩子关门，成为很多家庭的重要议题。后文会针对这个主题进行更深入的分析，因为这意味着父母对孩子内在界限的尊重与允许。

## ● 房间是否整洁

房间的整洁程度，和房间的内部空间大小类似，是需要和孩子的发展阶段匹配的。孩子的房间过于混乱，意味着父母对孩子的忽视；而孩子的房间过于整洁，则可能体现了父母对孩子的过度苛责。

## ● 房间内的气息是怎样的

孩子有自己的性别、兴趣、个性，父母是怎样布置孩子的房间的，与孩子自身的特点一致吗？父母允许孩子自己布置自己的房间、在房间里呈现出独特的个性（可能不符合父母的喜好或价值观）吗？相应地，父母与孩子是彼此独立的个体，父母在多大程度上允许孩子表现出自己的独特性，也会直接影响亲子关系的质量和孩子的发展。

## ● 父母与孩子的房间的关系是怎样的

父母是否愿意在孩子允许的时候走进孩子的房间？父母对孩子

的内心世界是否有足够的关注和好奇心？父母只希望孩子的房间变成自己期待的样子，还是愿意和孩子一起讨论、一起布置一个孩子喜欢的空间？在亲子关系中，对孩子内在世界的关注与好奇、与孩子共同协作而非单方面的教育和下达指令，会让孩子真正感受到自己的价值。

在孩子的发展和成长过程中，父母的内在空间质量直接决定了他们为孩子提供了怎样的成长空间。例如，有一位母亲非常严苛，家里非常整洁，她不允许家里有任何混乱出现，白色的墙壁上不能有任何装饰。有一次她的小儿子拿蜡笔在墙上画画，引发了她的情绪大爆发，她狠狠打了儿子一顿。这样的空间就没有办法容纳孩子成长中必然出现的小错误，会挫伤孩子的创造力和探索的好奇心。

而父母内在空间的质量则是由父母的成长经历决定的。例如上述这位母亲，她的父亲是一位军人，性情偏执而暴躁，而她的母亲则非常懦弱，不仅无法保护孩子，也无法保护自己。她母亲在她上小学时深陷抑郁，在她的记忆中，小时候的生活是凄惨的，她唯一庆幸的是，自己是家里最小的孩子，哥哥姐姐吸引了父亲的暴力和关注，而她只要尽可能地小心翼翼，不被父亲看到，就基本是安全的。但是父亲的严苛仍然深深影响了她，以至于只要空间里有一些脏乱，她就会感到紧张、焦虑，似乎马上就会受到惩罚。

自己内心最熟悉的生活空间，承载着我们生命中一些重要的记忆和经历，可能有欢乐、温馨，但也可能像这个故事一样充满创伤和压抑。很特别的是，即使这些记忆中的空间充满痛苦，我们依然会把它们保存在内心深处，并且往往在成年后的生活中、在和自己的孩子互动中再现出来。著名精神分析学家费尔贝恩（Fairbairn）陈述过这种特殊的"生命重复"，他发现人们很容易把自己的童年养育者带给自己痛苦的那些行为特点存留下来，并且在成年后的亲密关系中有意无意地重复，也在亲子养育中有意无意地重复。我相信这样的重复并非不可避免，如果我们能够认识和理解自己，就有可能做出新的生活选择。

本书通过一些有关亲子关系中成长空间的故事，理解父母的内在空间如何影响孩子的成长空间，进而探讨怎样帮助父母的内在空间发展和成长，让父母与孩子都可以拥有属于自己的自由空间，这些空间既可以彼此独立，又可以建立亲密的联结。

## 反思空间

（1）请你仔细回忆一下自己小时候住过的房子，你记忆最深刻的是什么？这个记忆可能对你现在的生活有怎样的影响？是否影响你的安全感、界限感，或其他方面？

（2）请你仔细观察一下你孩子的房间，最吸引你关注的特点是什么？这个特点会引发你对于亲子关系怎样的思考？你和孩子之间的关系界限清晰吗？彼此尊重吗？还有什么其他特点？

## 母亲，也需要属于自己的空间

当我们谈到亲子关系时，首先要讨论的一个词就是"母亲"，关于母亲这个主题，我想反驳三句话：

第一句："母爱是伟大的！"这就将母爱放到了一个道德制高点上评判，而不是从情感联结的角度去看。

第二句："妈妈去上班，是为了给宝宝买好吃的！"似乎母亲自身的创造力和成就感丝毫都不重要。

第三句："做了母亲，就要为孩子付出全部！"这让母亲成了牺牲者，否定了母亲在养育孩子过程中的情感收获。

这三句话勾画出一座被光芒笼罩的"圣殿"，使母亲不再是一个维护自身个性与价值的个体，失去了自己的独立性。

几乎没有人愿意生活在一座"圣殿"里，因为那里缺少温暖、缺少舒适、缺少烟火气。如果将母亲比喻成一个养育孩子的房间，让母亲只能不断付出和牺牲，最终，母亲会变成一个空空如也的房间，没有任何属于自己的生命特点。大家不要小瞧这个"空"，它会严重破坏孩子和母亲的身心健康和发展。

有一位女性在怀孕时受到"贵宾级待遇"，在远未到预产期的时候，她的家人就逼迫她从单位辞职，说上下班乘车不安全、工作太辛苦不利于胎儿发育。平日里她只要出去，身边就有人陪着，因为不许坐车，所以她只能在小区附近逛逛，稍远一点儿的地方都去不了。而且家里有父母长辈在，相熟的朋友也不方便去家里找她。家人还不许她使用手机、电脑、电视，担心她受到辐射。

如果我们把这位母亲的生活比作一个房间，这位母亲的家人似乎认定她房间里的所有东西都是对胎儿成长有害的，于是不由分说将房间里的东西都拿走了，他们拿走了她的工作、朋友和娱乐。这位年轻的母亲突然间生活在一个什么样的个人空间里呢？空空荡荡而且不许离开，这完全就是个监狱般的房间。孕育一个新生命，本应是一件非常幸福而且充满期待的事，结果却变成了一种惩罚和折磨。

● **一位足够好的母亲，她内心的空间是独立而美丽的**

作为一个独立的成年人，母亲需要属于自己的空间，她在这个空间里感到安全、愉悦，继而才可能将自己作为母亲与生俱来的能力发挥出来。母亲有时也会感到疲劳、厌烦，在受到各种负面情绪干扰时，她需要一个能够休息的空间来帮助她恢复体力和精神，这样她才可能持久地照顾好孩子。母亲需要属于自己的空间去感受她的自我价值和存在的意义，这样她才不会因单纯感到自己是生养孩子的工具而变得迷茫和脆弱。

想象一下，如果你去一个朋友家做客，她的房间里并没有昂贵的家具或精致的设计，但整个房间温暖舒适、充满个性，身处其中，你一定会感到舒适和愉快。如果你是一个孩子，能够在这样一个房间里生活，一定也会感觉安心、舒适。

有一位母亲，为了养育两个孩子而辞去了工作，经济上完全依赖丈夫，有一段时间，她感觉自己活得没有价值，不知道自己一旦走出家庭还有没有生存能力。这位母亲在抚养孩子的时候，很喜欢给孩子们做烘焙食物，做好后会拍些照片发到朋友圈，慢慢地，她发现很多朋友称赞自己的烘焙手艺，于是她就在家里办了一个小型的烘焙培训班，邀请一些全职妈妈来家里交流。虽然她并没有从中牟取经济利益，但她感觉自己的生活重新有了光芒，朋友也说她变得越来越好看了。

母亲是一位美丽的女人！这里我所说的美丽，是一种享受生活、由内而外散发出来的光芒。对孩子来说，这样的母亲仿佛童话中的美丽花园，这在心理学上称为"对父母的理想化"，会极大地影响孩子的人格发展。对女孩来说，美丽的母亲将是自己未来发展的样板；而对男孩来说，美丽的母亲也是自己选择未来伴侣的范本。现在市场上会看到很多美丽的孕妇装，生育后的体形恢复中心的生意也相当不错，这也从侧面反映了一种我很认可的理念：做母亲，是一件很美丽的事情；母亲，是一位很美丽的女人！

## ● 他人的过度焦虑会严重破坏母亲内在空间的独立和美好

回到本章开头提到的那位母亲的故事中。

在这个家庭中，其他人不仅把母亲"关"在了严重受限的空间内，还在母亲的内在空间填充了很多负面的东西。家人将自己的焦虑投射在这位年轻母亲的身上，忽略了年轻母亲的真实感受，正如这位母亲自己所说的："我觉得自己那时不是一个人，只是他们生养孩子的工具。"

没有人愿意被当作工具，这位母亲情绪非常低落、感觉很压抑，但她又不敢反抗，害怕万一自己做了什么违背家人意愿的事情而影响了胎儿或导致流产，自己完全无法承担那样的后果。因此她只能隐忍。后来她经常失眠，食欲下降，会突然莫名地大哭，但即使这样，家人仍在指责她太娇气，认为这么多人陪着她、照顾她，她应该知足。最后，她的一位朋友感觉到她情绪的异常，建议她去精神科就诊，后来被诊断为抑郁症。

故事中这位母亲的生活空间被极度压缩，失去了必要的独立性，而且还被迫承载了全家人的焦虑和恐惧，她的内在空间完全被破坏了。

## ● 一位足够好的母亲，她内心的空间需要得到外界的支持

如果母亲是一座房子，那么这座房子不应是孤零零地在孤岛上任凭风吹雨打。母亲无疑需要属于自己的空间，但这个空间也需要外在的保护和支持。

对母亲来说，最重要的保护和支持应该来自孩子的父亲。但有些家庭迎来一个新生命后，年轻的母亲住进了月子中心，被保姆或孩子的祖父母包围着，丈夫却不在身边；也有些家庭，母亲几乎和孩子黏在一起，母亲不仅在白天把注意力完全放在孩子身上，晚上也和孩子睡在一起，孩子的父亲或许是主动地退出了这个家庭，或许是被动地被推出了家庭。

有时我们很难说清楚究竟是妻子推开了丈夫，还是丈夫离开了妻子。比如有这样一个家庭，这个家庭的母亲告诉我："我们的关系是在孩子出生之后发生变化的，那时我丈夫好像完全进入不了父亲的角色，而我所有的注意力都放在了孩子身上。那时我们的争吵很频繁，我觉得这个男人笨手笨脚、满身都是缺点，他做什么我都看不上；而孩子在我眼里是完美的，好像全世界的光都汇聚在他身上。我和丈夫的交流越来越少，关系越来越疏远。有时我感觉很累，又

觉得他帮不上忙，就会冲他发火；他总是说工作很忙，回家的时间越来越晚，我嫌他加班回来打扰我和孩子休息，晚上睡觉也不和他在一起了。就这样过了很长一段时间，我觉得情况似乎有些不对劲，发现他在外面有了别的女人。当时我非常痛苦，觉得自己这么辛苦地照顾家、照顾孩子，他居然背叛我。那段时间我完全情绪失控了，只好接受精神治疗。"

虽然我们不能确定这对夫妻究竟是谁主动推开了谁，但我们可以看到的是，当母子关系失去了父亲的参与和保护后，整个家庭关系都陷入了危机，而母亲的内在空间最终也被破坏了。

孕育、养育一个新生命，本来应该是非常幸福而且充满期待的过程。母亲是新生命开启人生的原点，是孩子的大本营，是孩子的安全基地，只有这个大本营足够丰富、稳定，孩子才可能从这里出发，去往更远的远方，展开属于自己的精彩人生。

因此，我提出了这样三句话：第一句，母亲是一个独立的人！第二句，母亲是一个美丽的女人！第三句，初为人母的母亲需要被包容、被支持！

## 反思空间

**如果你是一位母亲**，请你想象这样一个情景，你要向孩子聊聊你自己，要告诉孩子下面三件事情。

（1）给孩子讲讲你的一个好朋友，告诉孩子这个朋友和你在一起的快乐时光和美好经历。

（2）给孩子讲一个有趣的故事，这个故事曾经深深打动你，也深刻影响了你。

（3）和孩子分享一个你的兴趣爱好，这个爱好带给了你很多愉快的体验。

建议母亲们切身去做这些事情，并从中反思两件事情：第一，自己的内在空间是独立和丰富的吗？第二，自己内心的独立和丰富，可以带给孩子怎样的体验，对孩子的成长有怎样的意义？

**如果你是一位父亲**，请你现在从手边选择三样东西（比如你可以选择三个水杯），分别代表你自己、你的妻子、你的孩子，然后将这三样东西摆放一下，代表你的家庭现在的关系模式，再试着从以下角度去观察。

（1）你可以靠近妻子和孩子吗？还是被排斥在母子关系之外？

（2）你可以参与到养育孩子、陪伴孩子的活动中吗？

（3）你的家庭关系模式是始终固定不变的，还是可以根据每个人的需要灵活变化的？

# 孩子，一个独立的生命体

有一次，一位母亲告诉我，她曾看过一种育儿方法，说婴儿哭的时候，不要立刻回应他，要等到他不哭时再去抱他，这样做一段时间之后，婴儿就不会经常哭着要父母抱了，于是这个孩子就很可能成为人们期待中的"乖孩子"。这位母亲问我，这样的做法有没有心理学科学依据。

当时我内心的震撼无以言表，我不想谈任何心理学的科学研究成果，我只是给这位母亲做了一个类比：如果某一天她在工作中遇到了不顺心的事情，一回到家就忍不住向丈夫哭诉起来，这时她最希望丈夫做什么？这位母亲回答说："当然是希望他过来抱抱我，和我说说话，安慰我一下啊。"我笑着说，那我们想象一下这样的场景：你的丈夫心里想，我不能让妻子养成对我的依赖，不能一遇到困难就跑回家向我哭诉，因此他完全不理睬你，好像听不到也看不到你一样走开了。等过了一会儿你的情绪平复下来了，他才又到你身边抱抱你、和你说说话。这时你的感受是什么？这位母亲睁大了眼睛说："怎么可能有人这样做？"

是啊，如果我们面对的是一个成年人，我们都能够理解他有情绪的体验和情感的需求。同样，当我们面对一个婴儿的时候，也要理解他的感受、情绪体验、情感需求。

## ● 孩子，是一个人，是一个独立的生命体

孩子，和成年人一样是独立的生命体，有他独特的生理节律、兴趣爱好、性格特质等，在关系中有他特定的需要。每个人都生活在不同的空间里，我们会针对不同的用途或根据每个人不同的特质和需要，把这些空间装饰成不同的风格。

就像很多公司的半开放式办公环境，那些看起来整齐划一的小隔间，仔细观察就会发现，每个小隔间里都有一些个性化的东西，也许只是一些小装饰：几张快照，一小株水培绿植，几件朋友送的小摆设。但这些不起眼的小东西，可以让我们在自己的小空间里得到快乐，表达我们独特的个性特质和个人喜好。

成年人有这样的需要，孩子也同样有自己的需求。只是孩子必须依赖成年人，就像孩子的小房间一定附属于家庭的大房子一样，这就让很多成年人忽略了孩子作为一个独立个体的需求。

有一次在咖啡馆里，我看到两位女士正聊得热火朝天，其中一位带了自己的女儿，大约六七岁的样子，这个孩子明显无法参与大人的谈话，看起来很无聊，不停地在沙发上扭动，而她的妈妈则一遍遍地斥责她，说她不听话。

我们先试着想象自己处在这样一个情景中：有人在旁边说着我们完全不感兴趣甚至听不懂的事情，我们除了发呆什么都做不了，还被要求安静，要听话地坐几个小时，我们会是什么感受？而这个孩子就处在这样的情景中：没有玩具，没有可以看的画册，大人在聊着她听不懂也不感兴趣的话题，妈妈还要求她坐得规规矩矩，不要打扰别人。这对孩子来说多么困难！实际上，这对每一个人来说都是很困难的。

在这个场景中，母亲完全忽略了孩子是一个独立的个体，有属于她自己的需要。

## ● 孩子，是一个人，是一个处在社会群体中的人

当我们强调个体的独立性时，也要看到个体是社会的一部分。在与他人建立关系和保持个人独立性之间，需要保持一种平衡和灵活性。依然用"空间"概念来解释，"空间"对于我们有多重含义：一方面我们需要和他人沟通和联系，另一方面我们需要有界限来保护个人隐私；一方面我们需要遵守社会的基本规则，另一方面我们

希望保有自我个性。

这就是我们接下来要探讨的心理空间的两个维度：一个维度是关于开放和界限，另一个维度是关于符合他人要求和保持个性独立。

## ● 心理空间的第一个维度：开放与界限

这个维度是说任何人的心理空间都需要在"和他人建立沟通交流"与"保持独自一个人的状态"之间取得一个基本的平衡。如果用物理空间来比喻，就像一幢幢住宅楼，每个房间都有自己的门窗，主人可以根据自己的需要打开门窗，与外部世界取得联系，欢迎别人走进自己的房子；也可以关上门窗，保有自己的隐私和界限。

孩子与养育者的关系也需要在这个维度上保持平衡，并且允许灵活变化。有时孩子要和成年人沟通交流，从成年人那里获取信息、获得支持与反馈，但有时孩子也需要保持独立空间的界限、需要独处。

在谈到关于开放与界限这个维度的时候，有一个非常美丽的比喻，可以用来形容不同的孩子：有些孩子像蒲公英，他们可以散落到非常广阔的空间中，只要有机会就能茁壮成长；有些孩子像美丽的兰花，需要非常精细的呵护，但只要时机成熟，他们就会馥郁芬芳，这就是我们所说的高需求孩子。因此，当我们面对不同的孩子时，怎样和他们沟通和交流，需要根据他们本身的气质和特点灵活应对。

我曾经遇到过一位男大学生，他平日里性情温和，和同学们也有一些交流，但没有很亲密的朋友。他觉得别人都不能理解自己，常感到孤独。有一次他喜欢上邻班一个性格开朗、活泼的女生，但是他不敢主动去追求，在强烈而矛盾的情绪困扰下，他开始出现抑郁症状。

据他表述，任何人如果靠近他，或者在他的想象中自己试图靠近别人，都会引发他内心极度焦虑。我们对他的家庭和成长背景做了进一步了解。他的父母对于他的婴儿期印象很深，说他从刚出生时就是一个很难被安抚的孩子，长大一点儿后和其他小朋友格格不入，喜欢独处。他是家中的独子，母亲是一个情感丰富、对家庭非常依赖的女性，父亲的性格易焦虑，总是担心孩子遇到困难或危险。

他在家庭中并没有受到虐待或忽略，但从他年幼时开始，敏感的他就遭遇了父母过量的信息，就像一辆脆弱的小车装载了过重的物体，令其不堪重负。对于高需求的孩子来说，他们仅仅处理内心复杂的情绪、情感、体验就已经够辛苦了，如果还要应对来自父母的过量信息，就很容易产生心理困境。对于这样的孩子，保持界限、给他独处的时间和空间、谨慎地与他交流和沟通就显得非常重要，而频繁甚至有些粗暴地"打开"他的"门"，就会在他内心留下创伤。

孩子的心理空间往往处于养育者的心理空间之内，就像大房子套着小房间。因为孩子还无法完全独立地生活，对成年人的依赖性很强。也正因为这样的依赖，以及孩子的弱小和不成熟，他们的外在空间和内在空间的需要往往会被成年人忽略，甚至侵入。但也正因为孩子的弱小和不成熟，他们才格外需要成年人对他们的内在空间给予足够的保护和尊重。

## ● 心理空间的第二个维度：符合他人要求和保持独立个性

符合他人要求和保持独立个性，也就是要在"与社会建立认同和一致性"与"保持个体的独特性"之间取得平衡。这就像人们居住的公寓楼，房子有比较统一的建筑风格和规划，物业也会对房主怎样装修有相应的要求和规定，房主在此基础上可以把自己的家装修、装饰成自己喜欢的样子。对孩子来说，就是孩子的言行要遵守成年人制定的规则，要符合家庭文化，孩子也需要在此前提下保持自己独特的个性。

有个朋友告诉我，在他的记忆中，他的家就像"样板间"，母亲总是把家里打扫得异常干净，家里的东西也比较少。有一次他把一只几个月大的流浪猫带回了家，没想到那只小猫身上有跳蚤，母亲立刻命令他把小猫丢出去，然后把家里的物品又洗又晒，折腾了很长时间。虽然这件事情已经过去了很多年，但他依然清晰地记得母亲当时焦虑和愤怒的表情。当时年幼的他觉得自己一定是闯了大祸，成年后他也常常感到焦虑和紧张，特别注重整洁，无论是在工作中还是人际交往中，他总担心自己会犯错。

"样板间"有两个最大的特点：追求完美；向他人展示。这位母亲希望通过"完美"来满足自己的自恋，在生活中她不允许自己的孩子拥有独特的爱好，她的内在空间也不允许孩子有独立自我的存在。当母亲无情地将孩子想收养的小动物丢出去的时候，她也将孩子温暖的情感、美好的体验一并丢弃了。

## 反思空间

请暂时放下自己内心对孩子的评价和期待，把你的孩子当作一个普通朋友，想一想他是一个什么样的人，并尝试写下你的观察，需要包括下面这些内容。

（1）他是一个什么样的孩子？

（2）他的优点是什么？他的缺点是什么？

（3）他擅长做什么？不擅长做什么？

（4）他通常什么时候希望和别人在一起、希望和别人沟通交流、需要别人的回应？

（5）他通常什么时候希望自己独处，当他独处的时候，喜欢做些什么？

试着写下自己的观察记录，然后和其他照顾者及孩子的老师交流一下，看看他们和自己的观察有什么差异。

做这个观察的时候，最重要的是父母要暂时放下养育者的身份，以及和孩子之间情感的影响，把孩子看作一个独立的人去思考。当我们把孩子作为一个独立的人来观察和理解的时候，有些亲子冲突也许就能找到新的突破点。

这样和孩子相处
给孩子足够好的原生家庭

# 父母内在空间的创伤与养育

如果我们住在父母曾经住过的老房子里，我们往往会传承和复制父母曾经的方式，包括房间的布置、生活的习惯等，那是很自然的；但就算我们搬进了属于自己的新房子，往往也会看到父母的生活习惯在我们的房间中再现。

我曾有一个朋友，由于出身书香门第，书本成了她生活中不可或缺、自然而然的一种存在，她甚至在卫生间里都随时放着两三本小说。有一次我们在另一个朋友家聚会，她看到那位朋友家里没有书柜，感到非常惊讶。她问主人："你家里没有书柜？你们的书放在什么地方？"主人答："我没有几本书，干吗需要一个书柜？"从他们的对话中我们可以看到，我们已经从自己的成长经历中自然而然地认同了一些观念，在没有和他人形成对比的时候，我们甚至没有意识到自己的家庭中究竟传承了怎样的观念与生活方式。

个人内在空间的发展包括纵向发展和横向发展。

个人内在空间的纵向发展，指的是我们从自己的家族、自己的养育者、自己的成长经历中获得的心理元素。用我们居住的空间作比喻，居住空间的纵向发展指的是每个家庭在选择、布置房间的时候，会传承父母的生活习惯，会受到自己小时候的居住环境的影响。

个人内在空间的横向发展，指的是我们会受到所处社会文化的影响，以及可以接触到的家庭之外的各类资源。比如，我们的父辈当年读书时没有那么大的竞争压力，但他们能够获得的教育资源也非常有限；而我们的孩子从小就有机会获得丰富的教育资源，但他们的学习压力很大。依然用居住空间作比，居住空间的横向发展指的是当时社会上流行的生活方式，以及当时可以从外在环境中获得的资源。比如，我们的父母当年在房间里使用的是白炽灯泡，而我们现在的选择则是节能灯。

个人内在空间的纵向发展和横向发展都会给我们提供资源，也会带来限制甚至是伤害。纵向发展和横向发展彼此之间也是相互影响的。

每个父母都曾经是孩子。孩子会长大，会带着成长留下的印记成为父母。成为父母之后，我们的内在空间状态会潜移默化地影响我们教育孩子的理念，影响我们与孩子之间的互动方式，从而影响孩子内在空间的形成。如果我们在成长过程中受过创伤，破坏了自己内在空间的完整、独立和界限，破坏了内在空间的创造力与生命力，这些创伤就极有可能影响我们的孩子。如果父母对于自己内在空间的创伤没有内省和觉知，这个创伤就可能会在亲子互动中再现，继而破坏孩子的内在空间，即心理学上称为"创伤的代际传递"。

也就是说，作为父母，我们的养育方式和亲子关系模式，既会受到过往经历的影响，也会受到当下环境的影响。当我们能够把这些线索梳理清楚时，我们就会用新的眼光来看待现在的家庭关系。

下面通过小曼的家庭故事，来分析小曼的父亲怎样形成了自己的内在空间，这个家庭空间中的一些主题是怎样被传承和彼此影响的，以及这些主题怎样影响了小曼的成长与发展。

## ● 父母内在空间的创伤与困境

小曼是家里的独生女，和爸爸妈妈、爷爷奶奶生活在一起。在小曼的家庭中，奶奶的无形控制对小曼的父亲造成了非常大的影响。小曼的父亲从小就是一个听话、温顺的孩子，而且很少有一起玩的同伴。说起自己的童年经历，他似乎只能说："挺好的，一切都很正常。"他清楚地记得自己在念高中的时候，母亲依然会坐在自己身边看着自己做作业，这给他造成了很大压力。

小曼的父亲结婚成家后，奶奶的过度控制仍在持续，而且控制的方式很隐晦。小曼记得有一年春节，一家人聚在一起吃团圆饭，爸爸一直在看手机，也不和家人说话，那顿饭吃得越来越压抑，奶奶突然间就说自己心脏不舒服、喘不上气，要去医院急救，当时场面很混乱，还叫了急救车。但是在小曼的印象中，奶奶到了医院也只是输了一些药水，很快就回家了，并没有被诊断出很严重的疾病。

奶奶不仅控制着父亲，也控制着整个家庭。有一次，奶奶没有和父母商量，就自作主张地换了父母卧室里的窗帘，之后父母也没有说什么，但是小曼记得那段时间妈妈在家里很少说话，有一次她还发现妈妈在夜里偷偷地哭。

小曼的父亲似乎完全无法摆脱他母亲对他的控制，只能选择逃离。小曼很少见到父亲在家，他工作很忙，经常有应酬，晚上回家很晚，节假日还经常出差或加班。但小曼有时又觉得不完全是这样，有一次，小曼下晚自习回家的路上看到父亲在马路对面坐在车里抽烟，她高兴地跑过去叫父亲一起回家，但父亲的表情似乎很不情愿，小曼感觉自己可能做了什么让父亲不开心的事情，但她又不知道原因。

我们从小曼父亲内在空间的角度来分析一下他家庭中发生的事情及他们面对的困境。小曼的父亲没有充足的内在空间成为一个独立的成年人，他无法完成与父母的分离与独立。强调一下，我并不认为父母与祖父母不可以居住在一起。但是在小曼的家庭里，她父母的空间完全被奶奶主导和占据了，他们在自己的家庭中完全失去了自主权和独立性。比如奶奶在没有商量的情况下换掉了父母卧室的窗帘，父母作为成年人，失去了对自己空间的决定权，与自己的父母之间完全没有界限。从象征意义上看，他们的内在空间也被侵入，没有独立的思维和决定权。父亲已经从这个家庭里被挤出去了，也许是他选择了从这个家庭中逃离，因此父亲"身在心不在"。而母亲虽然留在这个家庭里，也完全没有话语权。

### ● 父母内在空间的创伤对孩子成长的影响

在这个压抑的家庭中，小曼的成长出现了越来越多的问题。从小学开始，小曼就经常会出神发呆，尤其是坐在家里的书桌边做作业的时候，好像注意力很难集中。进入初中之后，小曼的状况越来越差，她经常觉得紧张、头疼、胸口好像压了一块沉重的石头，有一种要窒息的感觉。有些时候她觉得身体里好像充满了火和气、马上要炸开了，愤怒的情绪让她常常想尖叫、摔东西，但她又不知道自己为什么愤怒。奶奶逢人就说自己的孙女脾气很坏，不懂得孝敬老人，不懂得心疼父母。而爸爸醉酒回家就会斥责小曼，小曼有时真希望父亲永远不要回来。

小曼的父亲无法发展自己的内在空间，无法完成分离和独立，无法建立清晰的人际界限，也就没有办法保护自己，更没有能力保护自己的孩子，也没有办法真实地与孩子沟通和交流。

小曼的愤怒有一部分是自己的感受，也有一部分代表了她父亲的内在感受。她就像一个无法有效释放压力的压力锅，随时都充满了破坏性。这种无法释放的压力破坏了她的思维能力，导致她无法集中注意力、无法从事更有创造力的事情；这种无法释放的压力破坏了她的人际关系，似乎很小的事情都会引发她和家人的激烈冲突和矛盾。但她真实的感受并没有被看到，她也不能用语言来表达。

## ● 破坏家庭空间的常见方式：没有语言

"无法言说"是这个家庭中面临的最大困难：奶奶从不直接说什么，但事实上却控制了整个家庭；整个家庭也默认了这种表里不一的谎言，成为谎言的共谋者。小曼的父亲没有内省自己内心的感受，无法用言语来表达自己真实的感受，他似乎将自己的内在空间置于一个不真实的环境中。因此小曼父亲的内在空间并不是一个舒适、安全的"房间"，而像一个被不断压缩、无视、封闭的"罐子"，完全没有能力发展出成熟的应对能力、创造力和生命力。

在这个家庭里，沉默不语的不仅仅是奶奶和父亲，似乎所有人都无法真实地表达自己的感受。没有语言和思考，只有不断升级的情绪或外显的行为，比如妈妈会在深夜偷偷哭泣，小曼会经常发脾气，奶奶会自作主张换掉窗帘，父亲总是躲在外面不回家。情绪和行为完全困住了这个家庭。

每当想起小曼的故事，我都会感到压抑和窒息。一个家庭，尤其是一个祖孙三代生活在一起的大家庭，家庭内在空间的互动方式改变起来相当不容易；但是，内在空间除了有纵向的发展，还有横向的发展。我们一方面受到原生家庭和成长经历的影响，另一方面也会受到社会环境的影响。我们可以从社会环境中获得新的资源来突破自己成长中的创伤，让人格再发展，进而从自我发展中获得新的资源，帮助孩子发展内在空间。

## ● 利用横向的外在资源修复内在空间的创伤

小曼的母亲是一位小学音乐老师，性格内向温和，平日里朋友不多，在家里也说话不多。在小曼的印象里，妈妈好像并不算是一个真正的成年人，她好像和自己的年龄差不多，有时小曼甚至觉得妈妈好像是自己的妹妹，还需要自己的保护。

但是，当看到小曼的痛苦越来越深的时候，这位母亲内在的力量被激活了，虽然她当下的能力和能量还不足以立刻改变家庭关系的模式，但是她开始积极寻找外部资源。在学校里和老师沟通，探讨帮助孩子的策略，同时也求助于专业的心理咨询师，探究孩子的困难及自己的困境。这些外部资源的介入，可能会打破整个家庭固有的关系模式，带来新的发展和机会。

通过小曼一家的故事，我们可以看到：父母的内在空间有纵向的发展，会受到原生家庭、成长经历的影响，如果父母曾经历过心理创伤，往往会影响他们和孩子之间的互动模式；同时，父母的内在空间也有横向的发展，如果父母能够积极寻找外部资源，不断内省和审视自己的内在空间，就有可能不将创伤传递给孩子，并更好地理解孩子，帮助孩子发展健康丰富的内在空间，同时修复自己的创伤。

## 反思空间

（1）在你的家庭里是不是有一些"非常确定，不证自明"的观念？比如有些家庭会认为"家里才是安全的，外面的世界很危险"；有些家庭会强调"人就应该独立，依赖他人是很羞耻的"。想想看，这些观念给自己带来了怎样的影响？试着和你的朋友聊聊这些家庭观念，对比一下，看看在对方的家庭中，对待这些事情是怎样的想法和态度。

（2）如果你已经完全认同了这些观念，那么这些观念又是怎样影响你养育孩子的方式的？比如，如果家庭认为"家里才是安全的，外面的世界很危险"，就有可能限制孩子和外人的沟通和交流；如果家庭强调"人就应该独立，依赖他人是很羞耻的"，就很难接受孩子的依赖与脆弱。

# 5

# 新的内在空间，养育孩子，养育自己

我们常常会看到一条很有煽动性的宣传语："一切为了孩子！"说这句话，当然有其做广告宣传的背景和意义，但如果把这句话放到孩子的教育和抚养过程中，我并不认同。

## ● 父母的过度自我牺牲，是对孩子的控制

家庭关系是一个系统，孩子的房间不可能是完全独立的，孩子的内心世界也不可能完全独立于父母的内心世界之外。"一切为了孩子"这句话似乎是在说父母是不重要的，是可以被利用的工具，只是孩子成长中的铺路石。我很难想象在这种"完美"的自我牺牲精神中，能够养育出富有独立精神和创造力的孩子，能够帮助孩子学会爱与被爱。我认为这种自我牺牲，只会导致对孩子的极度控制。

我曾接触过的一个有自闭症孩子的家庭，孩子在三岁时被诊断

为自闭症，完全无法适应普通的幼儿园生活。他们为这个孩子找了各种可能的康复训练资源；母亲为此辞职在家专门陪伴孩子；父亲除了日常工作，还找了兼职工作补贴家用和承担孩子高昂的训练费用；远在老家的爷爷奶奶也赶来帮忙照顾。可以说这个家庭为了孩子，几乎投入了所有的精力、时间和金钱。他们的目标只有一个："让孩子在小学前完全康复，进入普通小学学习。"

但残酷的现实是，这个孩子不仅没有如家人期待的那样好转和康复，反而出现了一系列的行为和情绪问题。最终，这个孩子的状况和家庭情况引起了康复训练老师的关注，在深入了解和沟通之后，老师建议父母首先要照顾好自己、处理好自己的情绪，然后再考虑孩子的发展和教育；要从孩子的实际病情出发，理解和包容孩子，而不是想通过训练来改造孩子；将康复训练的目标聚焦在孩子的情绪控制和行为适应上，而不是急于把孩子变成一个"正常的孩子"。

在这个例子中，我们暂且不论自闭症的复杂性以及能否康复的问题，而将目光集中在亲子关系上。"一切为了孩子"，意味着父母需要不断做出牺牲，而这句话的背后也隐藏着另一层含义：孩子是被完全控制的，当一个孩子享用了家庭的所有资源之后，他将不得不成为父母期待的样子，而没有办法真正做自己。

如果用"空间"的概念来理解这个案例，这个孩子显然没有属于自己的空间，他的空间完全被康复训练和家人的照顾占据了。虽然这个孩子的自闭症有其病理上的原因，但他的很多情绪和行为问题是和亲子关系直接相关的。面对孩子的疾病，父母无法处理内心的痛苦，从而导致父母和孩子都失去了成长和发展的空间。

## ● 成为父母，让我们有机会发展成更好的自己

成为父母，并不意味着一味的牺牲、失去自我；恰恰相反，成为父母是我们人生发展的新阶段，在这个阶段中我们将有机会发展成更好的自己。在与孩子的互动过程中，我们内心曾经的创伤，以及自己成长过程中存在的困难，很可能会被呈现出来，使我们有机会去修复和解决；也使我们有机会更好地理解自己、包容自己、养育自己；有机会修复自己曾经的创伤，弥补成长中的不足。

我曾遇到一位母亲，她有一对龙凤胎儿女，很多朋友看到这对可爱、活泼的孩子都很羡慕她。但她丝毫感受不到自豪和快乐，只感到照顾孩子带来的疲惫。在家里，两个年幼的孩子似乎一分钟都不能离开母亲，即使母亲想要关上门稍微休息一下，让家里其他人帮忙照顾一下孩子，孩子们也会随便推门而入，如果把门锁上，孩子们就会大声地敲门，甚至在门外大哭大闹。在疲劳和压力的影响下，她频繁地向孩子发火，甚至会打孩子。在这个家庭中，空间与界限是完全混乱的。

餐桌文化，往往是一个家庭关系的缩影，我经常询问来访者的

问题是："你们家里吃饭时是什么样子？"在这个家里，母亲从来没有安静地吃过一顿饭，两个孩子一直缠在她身边，吃饭就像打架一样，很多时候都是随便吃两口，久而久之，她的肠胃和消化方面都出了问题。

这位母亲需要学习两样技能：和孩子设置合理的边界；向家人提出明确的要求。在咨询室里多次讨论之后，她终于决定开始行动。我建议她从餐桌开始，去和家人、保姆讲清楚自己的需要，她吃饭的时候，请其他人把孩子抱开，同时她也和孩子们讲清楚"妈妈需要安静的吃饭时间"。令她没想到的是，当她提出这些需求时，无论孩子还是家人，都没有很激烈的情绪反应，很快给予了她一定的空间和照顾，这种全新的体验带给她很大的信心。

当母亲意识到提出自己的要求、设置自己的边界有多么重要之后，她和孩子的相处也变得容易了一些。她不仅有了独处的时间，也更加尊重孩子的空间，当孩子们专注做自己的事情时，她很少去打扰孩子，而且她和孩子相处时，情绪变得稳定、平和了许多。

随着亲子关系的转变，这位母亲意识到，在她自己的成长经历中，独立的空间和界限从未被尊重过。她的父母都是脾气暴躁的人，家里争吵不断，而且父母总是要求绝对权威，从不考虑孩子的感受。因此，在她成了母亲后，似乎既不知道怎样表达自己的需求，也不懂得如何与家人建立关系的界限。

通过这个故事我们可以理解亲子关系的意义和价值，高质量的亲子关系将形成一个高质量的生活空间，父母会在这个空间里得到成长，更好地享受生活，而孩子也会得到成长，获得更多的发展资源。

## ● "原初的爱"，爱自己，爱孩子

在养育孩子的过程中，我们还有可能会发展出"原初的爱"的能力。"原初的爱"是指养育者对孩子天然就有的温情及爱孩子和照顾孩子的愿望，这是人类情感发展的源头。"原初的爱"不仅指我们有爱孩子的能力，还意味着我们有爱自己的能力，有与他人建立亲密关系的能力。"原初的爱"是我们自我空间的基石，它将给我们的生活赋予全新的意义。

有一个家庭来找我做咨询，但是始终进展缓慢，最大的困难是家里每个人都对其他家庭成员充满愤怒和失望：父母对孩子的学习成绩失望，孩子对父母的严厉管教感到愤怒，妻子觉得丈夫不理解自己，丈夫认为妻子每天都在抱怨。

直到有一天，这对父母突然想把家重新布置一下，在整理旧物时翻出了孩子出生时做的婴儿相册，大家就自然而然地聊起孩子的出生及成长中的趣事。母亲看着儿子出生第一天的照片，突然间泪流满面，她想起自己第一次看到儿子时内心升腾起的深切的爱和感动，当医生把这个小生命交到自己手里时，她甚至连眼睛都不舍得眨，看着粉粉嫩嫩的小婴儿，她的内心充满了幸福。而父亲也回忆起孩子第一次排便、第一次喝奶、第一次打嗝的情景。那一刻，全家人都沉浸在美好的回忆中。

当天晚上，这对夫妻进行了一次深入交流。妻子讲了自己这些年的焦虑和抑郁、内心的恐惧和压力、每一天的辛苦和绝望，她也和丈夫谈到自己通过咨询，对自己成长经历和性格特点的理解。这让丈夫终于深入了解了妻子内心的真实感受，在此之前，他一直以为妻子是对自己有怨气，因此和妻子越来越疏远。

他们终于找回了作为夫妻、作为父母的最原初的温暖感受，随后这种温暖的情感就自然而然地传递到了孩子身上，孩子也变得更加快乐，曾经的焦虑、不安、愤怒逐渐消失，变成了一个对世界充满好奇、对身边人平和友好的孩子。

我猜想，当这对夫妻想一起重新整理房间时，他们在潜意识中已经做了一个决定：他们要重新整理自己的内在空间，要一同整理家庭关系的内在空间。他们已经决定要面对自己，尝试改变和发展自己，而不是攻击家里的其他人。因此，他们终于感受到了"足够好的父母"的能力，这个能力他们一直就有，只是因为很多复杂的原因，使他们忘记了自身所具备的这个能力，丢弃了这种美好的感受。当找回"家"的归属感之后，整个家庭变得温暖，家的空间变得安全、包容。

人在成长经历中都会有磕磕绊绊，也难免会受到创伤或负面影响，但是当我们成为父母之后，我们就获得了一次新的成长机会，可以在养育孩子的同时，将自己的内在空间变成"养育"自己的空间，与孩子共同成长和发展。

成为父母，并不意味着纯粹的牺牲和付出，而是要建立一个足够好的空间，让孩子和父母都有机会成为独立而真实的自我；成为父母，是我们的重要成长机会，我们可以在这个过程中让自己的内在空间更加丰富、更加饱满；父母内在空间"原初的爱"会滋养我们自己，也会为孩子的成长和发展提供足够的支持和滋养。

## 反思空间

（1）仔细观察一下自己住的房子，有没有什么地方是你一直想要做出调整和改变，但拖延了很久没有做的？现在可以尝试去完成自己这个搁置已久的愿望，但是在做这件事情之前，我要提醒你以下两点。

· 第一，调整和改变幅度不要太大（比如突然间决定搬家，这可能会给整个家庭带来波动），所有的改变都需要小步进行，先尝试体验自己的需要和感受，这就会为更大的转变和发展做好准备。

- 第二，这个调整和改变一定是为了满足你自己的需要，而不是为了照顾家庭里的其他人。

（2）完成上一步之后，请你观察一下孩子的房间，并做类似的调整和改变。比如，你在自己的床边添置了一个小书架，想在上面放一些睡前看的书；也可以试着给孩子的床边放一个类似的小书架，让孩子自己选放他喜欢的睡前读物。

（3）请体验一下，满足自己的愿望时，你感受到了什么？帮助孩子做类似的调整时，你感受到了什么？这两者之间是否有一些联系，让你得到一些新的启发？

第二部分

TWO 育婴室里的幽灵

# 6

# 无法成为母亲与父亲

成为母亲与父亲，需要允许一个小生命"使用"自己。这个"使用"，首先是从母亲的身体开始，子宫是孕育生命最初的空间。孩子从一个受精卵开始，像个闯入者一样理所当然地住进了母亲的身体空间内。从那一刻开始，母亲的注意力开始从外在的世界逐渐收敛，越来越多地集中在自己的身体上。为了让这个"小房客"住得更舒服、更开心，母亲需要做出各种调整，最初的调整也是从自己的身体开始的，比如运动和各种行动的调整，饮食和作息的调整等。

孩子出生后，哺乳期的母亲不得不调整自己的作息时间和日常生活节奏来配合婴儿的需要。她的空间里充满了婴儿的气息；她的衣服随时可能被婴儿弄脏；在她的头脑中婴儿是放在首位的，她会不停地猜测这个不会说话的小生命究竟需要什么，究竟为什么哭闹。在这个阶段，母亲的空间几乎被婴儿占满了，母亲和婴儿之间形成了一种共生关系，母婴所处的空间是一个共生空间。

父亲作为这个共生空间的保护者，也将做出一系列的调整；夫妻的二人世界变成了父母和孩子的三人世界，生活作息要做大量调整来适应母婴的需要。总之，父母不得不从自己的生命空间里分出一部分供孩子使用，不断地调整自己的空间配合孩子成长的需要。这些重大的改变和调整，有可能会激活父母内在空间的很多负面感受。

## ● 激活内在空间中被拒绝的体验

生命最初这个受到保护的共生空间，对婴儿很重要，是婴儿精神世界的起点；同时，它对于父母同等重要，会唤醒父母很多记忆，比如自己做婴儿时的感受；自己幼年时与父母的关系等。而那些发生在婴儿时期的记忆，往往没有语言的表征，而是以身体记忆的方式存储起来。

我曾遇到一位抑郁的母亲，怀孕初期就出现严重的孕吐反应，并出现流产迹象，整整两个月不得不躺在家里保胎。怀孕才四五个月，这位母亲就不得不停止工作在家静养，但她很快就出现了失眠、食欲不振等焦虑和抑郁症状。在怀孕的后期，她常常在噩梦中惊醒，梦到自己被漫山遍野的婴儿追逐，而且那些婴儿在大声地哭着，想把她捉住吃掉。这些噩梦让她的情绪更加低落。她感觉到自己恨肚子里的孩子，恨周围所有人，但又害怕自己的暴怒情绪被家人发现，怕他们指责自己是个心狠的母亲，因此只能用沉默来压抑自己的情绪。

这位母亲之所以会有这些愤怒、焦虑、恐惧的情绪，是和她的个人经历分不开的。

这位母亲一出生就是一个"不受欢迎的孩子"，因为各种复杂的家庭原因，她的母亲曾想堕胎但未成功。她出生后三个月就被送到外婆家抚养，在小学之前曾辗转过多个家庭，寄人篱下的生活让她从小就形成了孤僻、抑郁的性格。而在她的记忆中，甚至不记得自己曾被母亲拥抱过。这位母亲"内在的母婴共生空间"被这些养育中的创伤严重地破坏了，而孕育在她体内的新生命则激活了这些创伤体验。

● **激活内在空间中不被容纳的体验**

成为父亲与母亲，不仅要哺育孩子，还要容纳孩子。本书自序中曾提到著名的精神分析学家比昂（Bion）提出的"容纳"的观点，他认为母亲与孩子之间爱的关系形成了容纳的空间，他们都能通过容纳和被容纳的体验共同成长。这句话不仅适用于母亲与孩子的关系，也适用于父亲与孩子的关系。

在现实空间中，父母要容纳孩子的屎尿屁，要容纳孩子的破坏与混乱；在内在空间中，父母要容纳孩子负面的情绪及各种内心成长的需求。

曾有一个朋友婚后多年没有生育孩子，一开始是夫妻二人不想要孩子，后来想要孩子但一直没能怀上。我相信这里面有很多复杂的生理和心理因素，但他们家有一些细节也值得思索。这位妻子对生活细节非常挑剔，比如每天餐桌上的食材是否健康、家里收拾得是否整洁等，她都很介意。她丈夫曾对其他朋友开玩笑说："我们家里怎么可能养孩子，哪怕是养个宠物、养盆花都是不可能的，我妻子肯定觉得会把她的房间弄脏的。"虽是玩笑话，但可以从中体会到他有一种非常压抑的情绪，因为丈夫甚至觉得自己的家不像一个家，有点像高级宾馆。

当一个成年人对于日常生活空间中的脏乱完全无法容忍，其实也就意味着其内在空间对自己的不容忍与苛责，甚至是对自己某一部分的厌恶，想把自己的某个部分从内在空间里清理出去，而这样的态度往往来自他们年幼时的经历，比如不被父母接纳、理解，被过度严厉地对待等。由于这位母亲内心容纳自己的不足与负面情绪的空间被破坏了，因此无法形成一个新的容纳空间来接纳一个新的生命。

## ● 激活内在空间的妒忌与竞争

当新生命降临一个家庭时，往往会吸引所有家庭成员的关注，而众人的关注和疼爱也有可能引发母亲或父亲妒忌自己的孩子。这似乎令人惊讶，怎么会有人妒忌自己的孩子呢？事实上，这样的情况并不少见。

有一位父亲在回忆孩子出生后第一年的养育过程时，曾形容"那是一场噩梦"。自从孩子降生，祖父母、外祖父母都住进了他的家，每天睁开眼睛，眼前都是人，耳边都是声音，片刻的安宁都没有。妻子的注意力完全在孩子身上，自己似乎变成了可有可无的人。他越来越不愿意回家，加班、出差的频率越来越高，回到家也是躲进书房对着电脑，甚至不愿意抱抱孩子。他觉得这个孩子夺走了自己的一切。

后来有一天妻子突然精神崩溃，提出离婚，理由是他完全不顾妻子的感受，不帮妻子一同养育孩子。夫妻的冲突最终让这位父亲走进了咨询室。

在心理治疗中，这位父亲体会到了自己对孩子的妒忌，有一天当他冲口而出："凭什么孩子一出生就可以得到一切，而我却一无所有！"当时他完全被自己的念头吓到了，但在这种妒忌和愤怒情绪的引导下，他回忆起自己四岁时妹妹的出生带给他的体验。当时似乎所有的关注、所有的爱都被新出生的妹妹抢走了，他感觉自己突然变成了可有可无的人，而且他不能表达自己的愤怒与失望，因为父母一直在教育他要做一个好哥哥、好好照顾妹妹。

著名的心理学家温尼科特（Winnicott）认为养育孩子是母亲天生的能力，他曾说："只要我们小时候玩过洋娃娃，我们就有可能成为一个足够好的母亲。这个能力并不需要有高智商，它依赖于直觉和天性。"这段话不仅适用于母亲，也适用于父亲。但确实有一些父母在成长过程中遭遇了一些创伤，致使自己的直觉和天性被压抑甚至被破坏。

成为父母，必然在一定时间内允许孩子使用我们的外在空间和内在空间。而如果父母在成长中遭遇创伤，就有可能损害他们成为足够好的养育者的能力。

## 反思空间

（1）请用十个代表情绪的词来描述自己初为父母时的负面情绪。

（2）从这十个词中挑选三个情绪色彩最为强烈的词，以这些情绪感受为线索，尝试寻找自己过往经历中有类似感受的一个故事，这可以让我们理解自己在过往的生活经历中，内在空间中可能受到的一些负面影响和破坏。

# 7

# 孤立无援的养育者

上一章我们谈了过往经历对父母内在空间的影响，本章我们来看看现实环境对父母内在空间的影响。

有一次，我在儿科医院候诊大厅遇到了让我久久无法忘记的一幕：一辆婴儿车里坐着一个1岁左右的孩子，正哭得声嘶力竭，而旁边是一个非常年轻的母亲，手里提着大包小包的东西。年轻的母亲多次安抚孩子未果，突然情绪崩溃，对着孩子尖声吼叫："你闭嘴！你闭嘴！谁来管我！我也已经很累了！"每当想起这一幕，我都会觉得这对母子虽然身处拥挤的医院，却仿佛站在空无一人的孤岛，无助而绝望。这位独自照顾孩子的母亲，也许已经孤独地承受这份压力很久了，因此才会对一个懵懂无知的孩子尖叫。

对此我们不禁要问：如果养育者的内在空间是一座孤岛，她会有多少情感资源来养育自己的孩子？

## ● 亲密关系带给内在空间最好的滋养

孩子常常会问父母："我是从哪里来的呀？"很多爸爸妈妈会回答："爸爸和妈妈很相爱，我们的爱结出了一个小种子，就是你呀！"我做儿童青少年心理咨询的时候，前期会安排一个父母访谈环节，详细地询问父母恋爱、结婚的过程，并关注他们婚姻关系的发展与变化。因为父母的亲密关系会直接影响他们的内心体验，也会影响他们与孩子之间的关系模式。

谈到亲密关系，我们首先会想到夫妻、伴侣之间的性关系。性关系是爱侣之间最直接、最深层的交流。高质量的性关系意味着高质量的亲密关系，而高质量的亲密关系直接影响父母内在空间的情感体验，继而影响他们与孩子之间的关系。

我曾遇到一位女性，她的孩子刚上幼儿园，她说自己和丈夫结婚至今，性生活只有一次，后来就生了孩子。"照顾孩子还来不及，哪里还会想那些事情！女人不都是这样的吗。"我不清楚这位母亲内心是否真的认为"女人都是这样的""生活都是这样的"，但我看到她的眼神中完全没有光彩，有的只是落寞。

有一些夫妻，以陪伴孩子为由，夫妻分床，而夫妻中的一方，通常是母亲，会每晚和孩子一起睡，这种情况甚至会持续到孩子上小学，甚至更晚。在我看来，这些家庭的夫妻大多因为无法处理关系中的冲突和矛盾，但又没有决心分手，只好每晚逃到孩子那里，白天则维持他人眼中正常的家庭生活。

夜晚与白天的区分是很有象征意义的，对于大部分人来说，白天的空间更为开放，因为白天需要工作、社交，我们会走出家门去接触更多的人，处理更多家庭之外的事情。在白天，我们更需要面对社会规则、社会评价；而夜晚的空间更加私密，我们在夜晚更有可能面对的是亲人、爱人和我们自己。夜晚人们需要得到休息、保护和滋养。

那些没有和谐性生活的夫妻，不仅夫妻双方的内在空间无法从亲密关系中获得滋养，还无形中占据了孩子的内在空间，突破了孩子的空间界限。

我曾遇到一位成年男性，由于和母亲的关系过度紧密，他成年后的性格和亲密关系都受到严重影响。他这样和我讲他小时候的生活："在我的记忆中，我妈妈的注意力似乎完全在我一个人的身上。我几乎不记得我们一家三口一同去做过什么事情，好像总是我和我妈妈。我爸妈也不吵架，但他们好像也没有什么交流。我父亲是一个温和的男人，很沉默，老实说，我对他几乎没有多少印象，有时甚至觉得对他的了解还不如对我同桌的了解多。"

他的母亲结婚很晚，当时她是迫于家庭和周围人的压力，经人介绍认识了一个性格沉稳、工作踏实的男人，也就这样凑合着过了。

谈到自己和母亲的关系，这位男性的描述是："窒息，似乎完全没有空间，她几乎无处不在。即便是去亲戚家吃饭，她也要贴着我坐，不停地给我夹菜。

"我小时候很喜欢把枕头、被子，还有大人们的围巾和衣服在床上堆起来，搭成帐篷的样子，而且一定要用围巾做一个小门帘，我躲在里面，谁都看不到我，那时我觉得好舒服。"联想到他和母亲的关系，他的母亲无法从自己的丈夫那里得到她渴望的亲密关系，无法从中获得支持和滋养，于是开始依赖自己的孩子，不断侵占孩子的内在空间，而那个小小的帐篷，也许就在表达孩子内心最基本的渴望：我需要一个只属于我自己的空间！

## ● 人际关系为父母的内在空间提供支持

除了伴侣之间的彼此支持，年轻的父母也可以从家族、社会关系中获得支持。在中国，祖父母帮助父母一起养育孩子的情况非常普遍。祖父母参与孩子的养育过程，可以给予父母很大的支持，尤其是当父母双方都需要工作时，当父母感受到被支持、有自己的生活和工作，也就可以用更稳定、更放松的情绪状态和孩子相处。当然，祖父母参与孩子的养育过程，也有可能引发祖父母与父母之间的冲突，祖父母如果过度承担孩子的养育责任，对孩子的心理发展也会有一些负面影响。

除了家人的支持，朋友等社会关系对父母的支持也很重要。我曾遇到一位非常年轻的单亲妈妈，她和父母关系很僵，自从离开家乡后就再也没和家人联系过。她独自一人在一个陌生的城市生活，经历了很多艰难时刻，后来遇到一个男人，两人几乎是闪婚闪离，孩子还没出生就离婚了。孩子出生后不久，她就和前夫失去了联系。当时几乎走投无路，好在有两个曾经要好的闺蜜收留了她们母子。

每当回想起那段经历，这位母亲都泪流满面。她对我说："我不知道那段日子是怎么过来的。白天我只能靠自己，有时连做饭和吃饭的时间都没有，晚饭就靠两个朋友轮流照顾我，或者帮我从外面带点儿吃的东西回来。我无法想象如果当时没有她们的帮助，我和孩子该怎样生存下来。"

### ● 社会资源对父母内在空间的支持

我认识一位来自荷兰的老师，她是一位非常慈祥的老奶奶，从事母婴治疗工作数十年。她的工作包括为那些遭遇极大困难的母亲提供心理和生活上的支持。她服务的母亲很多都是单亲妈妈，有一些还存在比较严重的心理问题，她们很难从伴侣和家人那里获得有效的支持，常常感到无助和绝望。

这位老师和她的同事开办日间照料中心，邀请有困难的妈妈带着婴儿一起到照料中心里接受帮助，让她们参加一些团体活动，也会有喝茶、做饭和休闲的时段，这些孤立无助的母亲可以在那里得到来自专业人员及其他母亲的支持和协助，按照她们自己的说法，可以有一个安全的地方"透口气"。除此之外，对于特别困难的母亲，专业机构会在她们家里安装摄像头，当她们遇到非常困难的时刻，比如无法安抚孩子哭闹，或母亲本人的情绪崩溃时，可以拨打紧急热线联系专业人员，打开摄像头，及时获取专业人员的支持和指导。

父亲和母亲是孩子的养育者，但并不是单纯的付出者，他们也需要获得支持与滋养；伴侣关系让父母彼此支持，和谐的性关系、温暖的情感关系会为父母的内在空间提供最好的滋养；除了伴侣关系，家族中的成员，以及其他社会关系也可以在情感上、生活中为父母提供支持。当我们期待父母为孩子提供亲密的情感时，一定要关注父母自身对外在支持的需要。

## 反思空间

我们来做一次"情感地图"的心理探索。

请大家找一个安静的空间，拿出一张白纸。

（1）请在白纸的正中间画一个小圆圈，这个圆圈代表自己。

（2）开始回想所有和自己有关系的人，把他们用不同的小圆圈表示，并画在"自己"的周围，用小圆圈的位置远近来表示自己和这些人在情感层面上的亲疏。

（3）每画一个小圈圈，标示出它代表的是谁，然后画一条线把这个小圈圈和代表自己的那个小圈圈连接起来，代表双方情感的联系。

（4）画完后，可以试着观察、思考以下问题：

- 首先，从比较远的位置观察一下这幅情感地图，它给你的第一印象是什么？也许自己认识很多人，但是真正亲近的人却很少？

- 接着，体会一下自己完成这份情感地图之后，内心的情感体验如何？是觉得很充实、很满足，还是觉得太混乱？或者觉得有些孤独和悲伤？

- 最后，从资源取向的角度思考：如果在今后五年中遇到了困难，你可以和这张情感地图上的哪些小圈圈所代表的人取得联系，寻求帮助和支持？

# 8

# 沉重的家族期待

　　在我们的文化空间中有一些词语的表达是很有意义的，比如认祖归宗、传宗接代等。这些我们非常熟悉的词汇其实都在传达一种文化信息：一个人是归属一个大的家族的，一个孩子在出生时就已经被赋予了很多期待。

　　孩子，作为父母自我延伸的一部分，作为家族的一个重要组成部分，承载着来自父母和家族的期待，这是很正常、很自然的，没有任何一个人是完全独立存在的。但是，孩子作为一个独立的个体，一定会和父母、家族的期待有一些不同，这也很自然。比如，父母双方的头发有一个是自来卷，另一个是直发，他们都期待生出的孩子是卷发，但孩子是否拥有自来卷的头发，就不一定符合父母的期待了。

　　大部分父母都能够接受孩子和自己的期待不完全一致，但如果孩子自身的状态和父母或其他家人的期待差异较大，而父母或其他家人不愿意放弃或适度调整自己的期待，就有可能发生激烈的冲突及各种无法克服的矛盾。在这里我举几种比较常见的冲突和矛盾。

## ● 第一种情况：无法放弃的家族期待

我曾遇到一个家庭，有一个不到一岁的女儿，这个孩子全身的肌肉、骨骼似乎都没有力量，运动能力明显滞后于同龄人。为此，家人去了很多医院，找了很多专家诊治，但并未发现明显的生理疾病，所以没找到合适的治疗方法。后来有一位细心的儿科医生提醒他们试着找心理咨询师谈谈。经过漫长的心理咨询，问题最终落到一个重要的主题上：他们本来期待生一个男孩，但出生的却是一个女孩。

原来这个家庭里最有权威的人是爷爷，孩子的父亲本来还有一个哥哥即爷爷的大儿子，但在初中时意外去世，这对整个家庭打击很大。生育一个男孩，既是对"男孩"意外去世造成的家庭创伤的心理补偿，又有传宗接代的意义。所以，当这个小女孩出生的时候，这个家庭深感失望。

女孩的母亲是一个性格内向、顺从的人，在家里几乎没有话语权。但终于有一次，这位母亲突然情绪崩溃，大哭着说："我多希望这个孩子从来没有出生过！"这句话表达出了他们对这个孩子真正的态度，也让我们从象征意义上理解了孩子发展滞后的心理原因，这个孩子的身体似乎一直没有办法健康成长，好像也认同了整个家庭对她的拒绝和否认。

一个孩子的生存空间首先是自己的身体。身体是自我重要的组成部分，当一个婴儿从身体层面、生理需求层面被他人照顾的时候，婴儿与照顾者之间就发生了最深入的交流。身体层面的交流深受潜意识的影响，比如在家庭里，虽然他们每个人都说这个孩子是值得被爱的，这是他们的理性态度；从行动上看，一发现孩子发育迟滞，他们也积极寻医诊治。但这些并没有消除他们的内心深深的嫌弃与失望，甚至希望这个孩子不曾存在，而家人的这些态度直接影响了孩子的健康与成长。

● **第二种情况：不可能满足的成就期待**

孩子承载着来自家族的期待，最常见的是来自对成就感的期待。我曾经遇到一个家庭，母亲想让她的孩子接触中国传统文化，建立对古诗词的兴趣，于是不停地给她还是个婴儿的孩子背诵古诗词，在孩子房间的墙壁上贴满了她一笔一画抄录下来的古诗词。当婴儿厌烦了母亲机械而且强迫的声音灌输时，就会把头扭开，目光转开，而母亲则会轻柔但坚定地把孩子的头扳过来，因为她认为孩子应该从小学会集中注意力。

这位母亲出于对成就的强烈期待，从声音、视觉、身体姿势等各个方面都侵占了孩子的内在空间。

当父母、家族的期待过于强烈的时候，养育者就完全无法看到孩子身上的真实存在了。从理性角度看，我们都知道婴儿有怎样的理解能力、接受能力和需求。儿童发展心理学研究发现，有一种特殊的语言叫作"妈妈语"，就是一个妈妈和婴儿互动时会不自主地发出"嗯嗯啊啊"的声音，这种语言几乎不受社会义化和语言影响，几乎全天下的妈妈都会自然地发出这种声音和自己的小宝宝交流，这是母亲与婴儿互动时的天然的反应。而上文中那位母亲由于对成就期待过强，那些发自本心的理解能力和反应能力已荡然无存。

## ● 第三种情况：无法承载的创伤

对孩子的过度期待，很多时候都来自家族、家庭中未能处理的创伤。孩子代表着家庭的希望，当孩子出现意外伤亡或严重疾病时，对于整个家庭的打击是很大的，如果家庭没能很好地消化处理这些打击和创伤，不仅会对患病的孩子造成影响，也会对这个孩子的兄弟姐妹们造成影响。国外曾有研究发现，有自闭症孩子的家庭中，患儿的兄弟姐妹也会出现不同程度的心理困扰甚至是心理障碍，这些"幸存下来"的孩子常常感到被忽视，或者会被迫承担很多责任和压力。

有一个患有严重发展障碍的男孩，他的家族是我们传统意义上的"三代单传"，我们不难想象，当这个男孩被诊断患有严重的发展障碍时，他的家庭受到了怎样的冲击。后来这个家庭又有了第二个孩子，一个女孩。

在这个家庭里，哥哥与妹妹，似乎成了两个发展的极端：哥哥在人际交往、认知能力方面远远落后于同龄人，而妹妹从小就表现出远超同龄人的能力；哥哥性格内向、退缩，对很多事物充满恐惧和焦虑，而妹妹则外向、积极，甚至有一点霸道。在家里，刚上幼儿园的妹妹会用成年人的口吻教育甚至训斥哥哥，同时，她也会在很多事情上照顾、帮助哥哥。

在这个小女孩身上，我一方面看到了她的能力和优势，另一方面也感受到她的挣扎，她似乎要拼尽全力，把哥哥没能发展出来的空间完全充满，要用她一个人的生命，支撑起两个生命的未来。

从这样的故事中我们可以看到，如果家族的期待因为各种复杂的原因完全占据了孩子独立发展的自我空间，扭曲了孩子自然发展的道路，在过度期待的重压下，孩子发展的独立性就会被破坏，对孩子造成深远的影响。

而这些家族的期待、父母的期待都源自一个特殊的主题：养育者无法接受丧失！"丧失"包含方方面面的内容。

- 养育者对生活可以成为什么样有一些美好的期待，期待男孩子可以传宗接代，期待孩子有巨大的成就、出人头地，期待生活平稳、健康。当这些期待没有办法实现的时候，就变成了"我想要，但得不到"的状态，使养育者丧失了实现美好期待的机会。

- 养育者经历了特殊的创伤，失去了关系亲密的人，比如身边亲人的离世；或者失去了平稳的生活，比如孩子患了重大疾病或严重的发展障碍。

"如何面对丧失，完成哀悼"，其实是人毕生的生命主题，从弗洛伊德（Freud）创立精神分析开始，就在探讨这个问题，而之后的著名精神分析学家梅兰妮·克莱因（Melanie Klein）等人也在持续推进这一主题的研究。

人从出生那一刻就在经历丧失：丧失母亲子宫里的舒适和安全感，被抛进一个完全陌生、充满挑战的新环境中；丧失母亲的乳汁，失去和母亲之间深层的联结；小时候我们觉得爸爸高大威猛、妈妈美丽温柔，认为他们是完美的，但到了青春期却觉得理想完全破灭……

如果我们能够逐渐接受丧失，并将丧失的部分内化成自己内在空间的一部分，我们的内在空间就能够顺利发展下去；但如果我们无法完成对丧失的哀悼，就可能出现重大的发展障碍。比如本章第一个家庭故事中爷爷失去了自己的大儿子，如果他能够完成对丧失的哀悼，就像在他内在空间中留出了一个地方，放置了儿子的遗像和纪念物，想念时可以拿出来看一看，但整个内在空间还可以容纳其他事物。

但这位老人没能完成这个哀悼，他把对传宗接代的执念和丧失儿子的悲伤融合在了一起，仿佛整个家庭空间里、每个人的内在空间中都挂满了死者的遗像，包括那个刚刚出生的孩子的内在空间也被占满了，这严重损害了家庭关系和孩子的成长。

父母都会对自己的孩子有一些期待，但如果父母自己有一些无法完成的哀悼，或是对生活有一些执念，他们对孩子的某些期待就有可能变得异常强烈，如果这些期待超出了孩子的承受力，或者和孩子自身的特点是矛盾和冲突的，就可能严重破坏孩子独立发展的空间。

## 反思空间

并不是所有的期待都是不好的、有破坏性的，那些和孩子的独立个性相一致的期待，是合理的人之常情。

请观察一下自己给孩子的东西，这些东西是否代表自己对孩子的期待？而这些期待对孩子会有什么样的影响？

（1）给小孩子的衣服：给孩子买的衣服最能凸显的是性别认

同。我们给小女孩买裙子，给小男孩买短裤，这是社会文化的影响。如果将孩子装扮成异性的样子，或不允许孩子的衣服表现出性别特点，就需要思考一下了。除了性别认同，父母给孩子准备的衣服表达出怎样的审美标准，是否洁净，是否符合季节等，都值得观察和思考。

（2）给孩子的礼物：给孩子的礼物也会凸显出养育者对孩子的性别认同，除此之外，还会表现出亲子关系的很多方面，比如父母给孩子的礼物是不是孩子期待的，能够反映出父母是否了解孩子的需要或是否愿意满足孩子的需要。我并不是鼓励父母满足孩子的所有需求，但如果一个孩子每次收到的礼物都和自己的期待相差甚远，父母就需要认真思考在这个家庭中究竟发生了什么。

（3）给孩子购买的图书：给孩子购买的图书常常表现出父母的价值标准。这些图书是否符合孩子的年龄阶段？有没有过度强调成就感而忽略了情感需要或兴趣、乐趣？

# 9

## 不能忍受的亲密感

有一个非常著名的心理学实验，这个实验研究最终形成了关于亲子关系及人格发展的复杂理论——依恋理论。

实验过程是这样的：实验场景是一间布置着普通桌椅和一些玩具的房间，让受试母亲带着孩子在这个房间里待一段时间，然后请母亲离开，让孩子留在房间里，过一会儿再请母亲回到房间。实验者观察和记录孩子和母亲的行为及他们之间的互动，并把孩子的行为和亲子互动方式分为几种不同的类型。

我们知道，年幼的孩子会不同程度地表现出对照顾者的依赖，尤其是在陌生环境里，当母亲离开的时候，孩子通常会表现出焦虑、紧张，会哭闹。

但研究者发现有一些孩子非常独立。他们进入房间后就会自己一个人玩，并不怎么依赖母亲，对母亲的离开几乎没有什么太大的反应，母亲离开后，他们依然会做自己的事情，而当母亲回来时，他们也比较平静。

这类孩子的表现引起了研究者的好奇，于是他们对这些孩子进行了生理指标测试。因为人在感到焦虑、紧张的时候，即使外显的表情或行为可以被控制，但身体还是会产生不易察觉的情绪表达，例如出汗、肌肉紧张、心跳加快等。当研究者对那些表现得平静、独立的孩子做了生理指标测试之后，惊讶地发现，当母亲离开房间的时候，这些孩子并不像他们表现出来的那么平静，他们其实很焦虑、很紧张，甚至比大部分孩子更紧张。

那么，他们为什么要"故作平静"呢？经过对这些孩子的家庭及亲子关系的深入研究发现，这些孩子的母亲与他们的关系比较疏远，这些孩子经常长时间被忽略。换言之，一个孩子如果长时间只能自己照顾自己，他就会放弃向照顾者求助的愿望，就像一个孩子的哭声得不到回应，他就只好停止哭泣。这样的孩子即便身边有人，但在心理层面，他们就仿佛孤独地生活在一个空屋子里，只能慢慢学会独处。

在这个实验研究之后，研究者又对这些孩子的人格形成、成年后与他人的亲密关系做了跟踪研究，结果发现，那些从小被过度忽略的孩子，在成年后大多无法顺利与他人建立亲密关系，他们往往回避人际交流，在亲密关系中很容易遭遇失败和挫折。也就是说，童年的经历会严重影响一个人之后的人格发展和人际关系。

用空间的比喻来理解就是，一个从小生活在空屋子里的孩子已经习惯了独自一个人的生活，成年之后如果有人突然想走进他的房间，他可能会感觉到紧张、不安、不适应，他的房间仿佛只能容纳一个人，另一个人的进入就会变成挑战。他们表现为回避人际关系，实质上是因为他们对于被拒绝、被抛弃异常敏感，为了避免被伤害，他们就将心门紧紧关上，不允许任何人闯入自己的世界。

在亲子互动中，养育者对于亲密关系的回避可能以各种不同的方式表现出来。

## ● 无法在身体上靠近自己的孩子

现代社会比较尊重个体化，因此对于回避人际交往是十分宽容的。住在"单人房"里的成年人在职业发展、社会生活中不一定会遇到太大的困难，但是"家庭"会对"单人房"里成年人的生存模式提出巨大挑战，比如孩子的出生会打破家庭原有的平衡。我曾经遇到一位"无法抱孩子"的母亲，这位母亲在孩子出生后患有产后抑郁，在相当长的时间里无法靠近孩子，无法忍受孩子的哭声，甚至在哺乳时都不能把孩子抱在怀里。家人看她实在无法照顾婴儿，只好请月嫂和保姆来协助。但是这位母亲又无法信任保姆，总觉得她们做得不够好，因此，孩子一岁之内身边好像走马灯一样换了很多照顾者，这个过程严重影响了孩子最初的发展。

当谈到自己的成长经历时，这位母亲开始慢慢对自己和孩子的关系有了一些反思。孩子的外公是一名地质工程师，因工作性质长期出差在外，而且他性格很内向，即使在家时也很少说话。她记得自己小时候，父亲出差回来带给自己一块化石做礼物，她看着那块小小的石头里镶嵌的远古贝壳，觉得仿佛看到了自己的父亲——一个将自己包裹在壳里的男人。

因为她父亲常年不在家，她母亲不得不独自支撑家庭、养育孩子。在她的童年记忆里几乎搜索不到母亲的笑容。她印象最深的是小学时有一次去同学家里玩，她看到同学在家里和母亲的关系那么亲近、有说有笑，觉得非常惊讶，尤其是看到同学和自己的母亲搂搂抱抱的时候，她完全愣住了，似乎内心深处有一些渴望被唤醒了。当天回到家里，她想试着靠近自己的母亲，渴望像同学那样挽着母亲，但当她小心翼翼地抱住母亲的手臂时，母亲却粗暴地一把将她甩开，很厌烦地说："干什么！没看到我正在干活吗？"当时她整个人都僵住了，然后悄悄地回到自己的房间，之后再也没有靠近过自己的母亲。

人类的皮肤既是保护屏障，又是与外在接触的通道。在这个故事中，这位母亲年幼时被自己的母亲推开，不允许身体靠近，这个举动仿佛在双方内心筑起了一堵没有门的墙。这样的体验看似一件小事，但给孩子内心留下了很深的创伤，使这个孩子长大成为母亲时，也没有了靠近、拥抱她自己的孩子的能力。

### ● 无法让孩子进入自己的内在空间

身体上不允许被靠近，是一种显性的回避与拒绝，还有一种精神层面的回避与拒绝，虽然是隐性的，但依然有很大的伤害性。有一次我在一个朋友家里聚会，看到朋友给孩子买了一个很大的电动玩具车。那天孩子坐在玩具车里，孩子的母亲拿着遥控器让车子在客厅里转圈，但她和孩子没有任何交流，要么盯着电视，要么就和周围的朋友聊天。另一个朋友看到这个情景，惊讶地看着孩子的母亲说："你平时不和孩子一起玩吗？怎么感觉你都不看孩子一眼啊？"

孩子的母亲一愣，虽然她一句话都没有说，但看得出她心里很不是滋味。事实上，她从怀孕开始就辞去了工作，在家里全职养育孩子。她和孩子是长时间、高频率地身处同一个空间中的，她也一直抱怨为了孩子放弃了事业、放弃了兴趣爱好，和朋友也很少聚会。但旁观者可以清楚地看到她"人在心不在"。也就是说，她在物理空间中是容纳孩子的，但在内在空间中是回避和拒绝孩子的。

后来我了解到一些这位母亲的成长经历，她一直认为自己的父母和家庭都挺好，因为在她的记忆中，她的家庭里从未发生过争吵，父母也从未大声呵斥、责备过孩子。但她提到这样一个生活细节：在她家里，每天吃完晚饭，父亲、母亲和她就各自走进自己的房间去做自己的事情，一直到睡觉休息，彼此之间极少交流。她对此习以为常，逐渐默认这就是家庭生活本来的样子。家庭冲突、争吵固然不好，但那也是一种交流与互动的方式，也是一种联结。而一所房子里彼此紧闭的三扇房门，让人感受到的是关系中的隔绝与冷寂。而这位母亲也在自己和孩子之间的关系中复制了她原生家庭的关系模式，虽然身体在一个空间中，但精神却彼此隔离、没有联系。

## ● 无法进入孩子的内在空间

在亲子关系中，除了不允许孩子靠近自己、拒绝孩子的进入自己的内在空间之外，还有一种情况是拒绝进入孩子的内在空间，比如不愿意尝试理解孩子的感受，不愿意参与孩子的游戏，拒绝用孩子喜欢的方式与孩子沟通和交流等。有一次我在游乐场观察到一位母亲，她把孩子放进室内游乐场之后，就一个人坐在旁边看手机，她的女儿转到她身边很多次，希望母亲陪她一起进去玩，因为其他年幼的孩子身边都有家长的陪伴，但是这位妈妈只是递给女儿一些吃的和喝的，不愿意陪女儿一起玩，还和孩子说："这是你们小孩子玩的地方，妈妈不进去。"在被母亲一再拒绝之后，这个孩子最终一个人孤零零地走开了。旁边一个孩子的奶奶实在看不下去，数落了这位母亲几句，说她不会照顾孩子，这位母亲突然非常焦虑和愤怒，立刻带着孩子离开了。

我没有机会和这位母亲做更多交流，但那个孩子落寞的背影给我留下了深刻的印象。我猜想，也许这位母亲年幼的时候，就和她的女儿一样孤独，没有一位照顾者愿意进入她的世界陪伴她。对于一个年幼的孩子来说，没有陪伴，即使是一个非常有趣的游戏环境，也是毫无吸引力的。

情感依恋是人类心灵成长的起点，对情感的过度忽略，会对孩子的人格发展、人际关系造成严重的负面影响，这些影响可能会持续终生。一个人格发展成熟、稳定的人，会在独立和依赖之间灵活转变和调整，一味强调独立，是一种错误的态度。

## 反思空间

下面这个体验性小活动，你可以选择任何人和你一起合作，这个人可以是你的伴侣，可以是你的好朋友，也可以是相对情感关系比较疏远的人，只要对方愿意配合即可，而且这个过程你们可以相互交换角色。具体步骤如下。

（1）你和你的伙伴站在一个相对比较宽敞、安静的空间里，保证有一定的活动空间，又不受到干扰。

（2）你们面对面站着，彼此之间的距离大约在四五米，中间不要有任何障碍物。

（3）你站着不动，但可以用身体语言引导你的伙伴，请对方向你靠近，靠近的速度和最后你们之间的距离都由你来决定。身体语言由你们之前约定好，比如招手就代表请对方靠近，招手的频率、速度代表对方靠近的速度，禁止的手势代表停止等。

（4）在整个过程中两人都不能说话，而且彼此要看着对方的眼睛。

（5）如果愿意的话，你们可以互换角色来体验。

完成这个体验活动之后，请尝试思考以下问题。

- 在整个过程中你自己的身体体验是怎样的？情绪体验如何？

- 两个人要始终保持彼此目光接触，这一点带给你怎样的体验？

- 通过这个活动，你有哪些联想，对自己有怎样的理解？

# 10

## 无法面对的脆弱

当谈到婴儿、孩子的时候，大家最先联想到的词汇是什么？生命力？活力？我和很多父母交流过，和他们一起聊孩子留给他们最深的印象，他们的描述中有很多都和"脆弱"有关。

"我记得他婴儿时的样子，皮肤那么薄，能看到隐隐显露的血管，好像轻轻一碰就会流血一样。"

"他的指甲怎么会那么薄，好像透明的薄纸一样，家人谁都不敢给他剪指甲，一直到孩子上小学，全家只有我一个人敢给他剪指甲。"

"那时他的头盖骨还没有长合，头顶软软的地方随着心跳一跳一跳的，看得我好紧张，唯恐碰伤了他。"

"孩子刚出生的时候，护士把他抱给我，他好软啊，脖子完全支不住头。我几乎不敢抱他。"

孩子小的时候的确非常脆弱，很容易受到伤害。很多父母都会采取各种方法保护他们：把家具尖角用特制的保护条包裹起来，防止孩子碰伤；把电源插孔用安全罩遮住，防止孩子触电；移动门窗安装特殊的锁扣；婴儿服、绒布玩具都要符合相关安全标准；小孩吃的食物要符合食品安全的专项要求，等等。

成年人可能会认为小孩子实在太脆弱了，需要尽力保护他们。不可忽略的是，我们每个人都是从那个脆弱的状态开始自己的人生之路的，我们都曾那么脆弱无力，都曾依赖于照顾者给我们提供食物喂养、安全保护、情绪和情感的回应。

"脆弱"这个词也会让我们很自然地联想到其他词语：被动、无助、无力、依赖……我想起一位女士的故事，这位女士是家里第二个孩子，她回忆说自己在十八岁之前从没穿过新衣服。那时家里经济不宽裕，她的衣服都是姐姐穿旧了留下来或亲戚朋友小孩穿剩下的。这段经历让她觉得自己是"二等公民""低人一等"。在成年、经济独立之后，她非常热衷于买衣服，而且总买当季最新的款式，在这方面她花了很多钱。很多时候她也觉得自己其实用不着这么多新衣服，但内心总有个声音在推动着她："我想要，我就是要最新的。"

从这位女士身上我们可以看到，年幼的她感到被忽略、被贬低，丧失自我价值，这种感受太痛苦了，而当时的她没有能力左右父母的行为，也没有办法获得父母的关注。这种痛苦的体验一直存留在心里，当她成年之后就开始用过度满足的方式弥补内心的缺失，避免自己再次体验那种痛苦。

但如果我们只是用类似的方式把痛苦埋藏在潜意识里，这些痛苦并不会消失，它们会被一些特殊的情景激活，而有一种非常特殊的情境，就是父母因看到孩子的脆弱而激活了自己内心被埋藏起来的脆弱体验。

### ● 孩子强烈的负面情绪激活父母的脆弱感

在年幼的孩子身上，最能激活父母情绪反应的是孩子强烈的情绪表达，尤其是孩子的负面情绪。曾有一对年轻的父母来向我求助，他们的女儿只有两岁半，他们求助的问题是孩子经常情绪崩溃、无法安抚。他们给我看了一小段他们的女儿坐在地上号啕大哭的家庭录像。看到这段录像，我一时有些迷惑，就顺口说了一句："抱起来哄哄啊。"听到这句话，这对父母显得非常尴尬、局促，接下来的讨论终于解开了我的迷惑。

原来他们最缺乏的就是负面情绪的安抚能力，在这背后隐藏着一个很长的故事。这位年轻的母亲自小父母离异，从初中开始，她和父亲、母亲三个人分别居住在三个不同的城市，她的父母之后都没有再婚。孤独和无助是这位母亲从小到大的生活主题。从内心深处，她非常渴望亲密关系，因此她结婚很早，渴望拥有一个属于自己的家。

这对夫妻是在一次专业展会中认识的，丈夫从事的是专业技术工作。回忆当初相识的场景，这位母亲说："展会上人很多，也很吵，但很奇怪，我好像一眼就看到了他，坐在角落里摆弄那些专业器材。午饭时我们好像很自然地坐在了一起，后来就认识了，就这么简单。"时隔数年再回忆这段经历，这对夫妻突然发现他们可能都在对方身上看到了自己的一部分：孤独、内向。

这位父亲自小和母亲生活在一起，他已经不记得父亲长什么样子了。而他的母亲因抑郁症长期服药，在情感上根本无法支持和回应自己的孩子。因此这位父亲和妻子一样，自小学会的也是孤独和自立。他们都在对方身上看到了孤独的自己，也都想温暖内心那个孤独的自己，但遗憾的是他们都没有这种能力。虽然他们从恋爱到结婚、生育孩子，一切都很顺利、很自然，但他们的关系依然是疏离的，他们似乎又都回到了自己曾经最熟悉的情景：独自一个人！

只是女儿的降生打破了他们孤独的沉寂，也给他们带来了巨大的挑战。他们经常对孩子的哭闹手足无措。特别是孩子进入幼儿园之后，由于辞去了之前的保姆，他们更感到无力应对，因此开始寻求专业的帮助。

从内心深处，他们都猜测问题出在自己身上。这位母亲说："我也见过别人是怎么哄孩子的，但我自己完全无法做到。当女儿哭的时候，我觉得那个哭声好像不是她发出来的，而是从我自己身体里发出来的，我完全被哭声控制了，根本没法靠近孩子。"她的叙述解开了我最初的困惑，看到孩子哭，做父母的去抱一抱、哄一哄，本来是非常自然的事情，但对于这对父母却成了巨大的挑战。因为他们内心隐藏了一个绝望、哭泣而没有人安抚的孩子。这些年他们通过"独立""自主"来压抑和防御了自己内心的绝望和悲伤，而女儿的哭声将他们内心那个脆弱的"孩子"再次唤醒了。

## ● 孩子的不完美激活父母的脆弱感

除了孩子的负面情绪，父母无法面对的另一种脆弱是孩子身上的一些小毛病。有一个幼儿园的小女孩一直有啃手指的习惯，她的大拇指已经出现老茧和裂痕。在幼儿园，她啃手指的习惯经常招来一些小朋友的嘲笑，因此这个孩子长时间被焦虑情绪困扰，她和小朋友关系不好，经常会被一些强势的孩子欺负和孤立。当老师讲故事或组织小孩子做游戏的时候，这个小女孩的注意力很难集中。

母亲对女儿啃手指的行为反应非常激烈，先是在家里采取各种手段进行管控，比如提醒、斥责、用戒尺打手、在手指上涂抹辣椒油或芥末、要求她戴手套等。但所有的方法都没有效果，有一天这位母亲突然情绪崩溃，拉着女儿的手在桌面上奋力敲打，导致女儿手指骨折，送了急诊。

其实这个孩子啃手指的行为本身不难理解，这是孩子内心焦虑又没有办法处理而发展出的一种自我安抚策略。真正需要关注的是孩子内在的焦虑情绪，而不是啃手指这个外在的行为。但母亲将啃手指的行为视为孩子无法控制的缺陷，她不愿意理解这个行为背后隐藏的情绪和心理活动，只想控制这个行为本身。我们从中也可以看到，追求完美、追求控制，也是这位母亲内心的主题。

从上面两个家庭故事里，我们看到父母内心的脆弱感被激活之后，会丧失养育孩子的能力。同时我们还看到两种典型的应对模式——"控制"和"隔离"，这正是父母小时候应对脆弱和创伤的模式。

## ● 让自己变成强有力的控制者

就像这样一个电影场景：一个巨大的、强有力的机器人，无坚不摧，在战斗中所向披靡，但是在这个机器人的核心部位，起到操控作用的是一个很弱小、很柔软的智能生物，当人们无法面对自己内心的脆弱时，无法面对那个弱小而柔软的生命时，就可能把自己武装成一个可以控制一切局面的"机器人"，因为在潜意识中，这样的武装会给人以力量感、全能感，以及自己再也不会受伤的安全感。

这样和孩子相处
给孩子足够好的原生家庭

## ● 让自己与脆弱一刀两断

隔离的防御方法，则是把自己的脆弱及相应的情绪统统隔离在感受之外。采取这种方式的人，他们遇到困难和挑战时会显得非常理性；他们和他人相处时会显得有些疏离，有一定的距离感。尤其明显的是，很难在他们身上看到负面的情绪，他们很少哭泣或感到愤怒和无助。

他们之所以发展出这样的防御方式，是因为他们在孩童时期的脆弱、无助没有被养育者看到，更没有得到足够的保护，他们不得不发展出这些方式来保护自己。但孩子的脆弱可能会通过负面情绪的表达，或以一些小毛病或问题行为表现出来，这些表达或表现会唤醒父母内心深埋的脆弱感，唤醒父母自己在孩童时期所感受的无助、被动、无力，如果父母没能很好地整合这些脆弱感，就无法承受孩子表现出来的脆弱，甚至会直接伤害脆弱的孩子。

### 反思空间

体验一下自己与脆弱感之间的关系。请闭上眼睛，仔细回想自己上一次哭泣、流泪时的情景，慢慢回想当时身处的环境，以及身体的感受，如果当时身边有人，他们的反应是怎样的？

然后试着回答下面的问题。

（1）当你现在想起自己哭泣的情景时，你的感受是怎样的？

（2）你愿意像一个足够好的父母那样包容、安抚自己的悲伤和
　　　难过，还是很厌恶自己哭泣，想从那个感受中逃离出来，
　　　甚至为自己的脆弱感到羞耻？

（3）认真地问自己一个问题：感受到自己的脆弱时，如果你有
　　　一位足够好的照顾者，你希望对方怎样对待你？

# 11

# 恐惧分离

孩子进入幼儿园后，就进入了一个更大的社会空间，他们的能力也开始有了更大的提高和发展，这个阶段父母和孩子将会经历一个非常重要的主题：分离。

每年新学期开学的时候，总会看到幼儿园门口有很多焦虑的父母，已经走出大门的他们仍在频频回望，眼神中满是焦虑和不舍；而幼儿园的教室里面，尤其是在小班的刚开学阶段，总会有很多孩子哭得声嘶力竭。

每次在幼儿园的讲座上讲这个主题，我都会强调一句话：分离，对于孩子是一个挑战，对于父母、家庭也是一个挑战！作为成年人，父母、祖父母要先问问自己：我有没有做好和孩子分离的准备？分离，对于我来说是否意味着不能承受的痛苦？

从理性层面，我相信绝大部分父母都会说："我们当然鼓励孩子和我们分离啊，我们当然希望孩子长大啊！"也有父母可能会说：
"太好了，总算不需要我 24 小时陪护了，我可以做一些自己的事情
了。"我相信这些都是真诚的表达，但在潜意识当中，父母有可能
并没有那么容易接受和孩子分离，并可能通过一些互动行为将这样
的信息传递给孩子。这些互动行为模式，往往会严重阻碍孩子与家
庭分离。

## ● 不允许孩子具备独立生活的能力

孩子进入幼儿园，需要一定的生活自理能力，要让孩子顺利地
适应幼儿园生活，父母需要提前做好很多功课，帮助孩子学会做一
些基本的事情，如吃饭、大小便等，并能用语言表达自己的需要，
服从集体生活的规则，能够和同龄孩子互动。

但有些家庭如果不希望孩子离开，就有可能通过弱化孩子的能
力来阻止孩子与家庭分离。

我有一个朋友把孩子交给奶奶照顾，孩子的奶奶非常喜欢让孩
子吃东西，而且总是喂给孩子吃。奶奶负责做饭时，一定要问家里
每个人 "今天的饭好不好吃"，如果得到肯定的答案，老人家就会
很高兴，但如果有谁提出 "今天这个菜好像稍微咸了点儿" 或 "这
个菜好像煮得老了点儿"，老人家就会很介意，整顿饭会一直解释，
话绕来绕去，核心意思就是 "我做饭是很好的，我很尽力，我没有

做错任何事情"。时间一长，家里没有一个人敢在餐桌上说饭不好吃。而这个小孙子的吃饭表现，更是奶奶尤其在意的，一旦孩子吃得稍微少了一点儿，老人会一整天心情低落，并不停地唠叨，而且饭后总要想办法把她认为孩子没有吃够的那一点儿补进孩子的嘴里。

结果，这个孩子进入幼儿园后遇到了一系列的麻烦，首先他不会自己吃饭，只能靠老师一边喂一边教他练习自己吃饭；其次是这个孩子偏胖，行动缓慢不灵活，被其他孩子欺负和嘲笑。但奶奶的态度却是："看我们家的宝宝，白白胖胖多可爱！"

身体是容纳自我最重要的空间，一个孩子与食物之间的关系，象征着他与养育者的关系。在这个孩子和奶奶的关系中，孩子完全失去了自主性。孩子不仅仅失去了和食物之间的自由联结，没有办法自我满足，比如用自己的手选择自己喜欢的食物来满足自己，也没有办法感觉自己身体的感受，比如自己究竟是饿还是已经饱了。

这个孩子的奶奶是一位自尊心很强、非常活跃的女性，她是家里最小的女儿，前面有三个姐姐，后来又有了弟弟，父母的注意力就完全被弟弟占据了，她从小就是最被忽略的一个孩子。为了逃离那种被抛弃的痛苦，她总是非常积极地帮助父母做家务，这让她偶尔能被父母夸赞。她常常一边陪弟弟玩，一边喂弟弟吃饭，父母看到弟弟吃饭吃得很多，白白胖胖的样子，会夸她特别会照顾人。

这样的生活经历，让这位老人养成了照顾别人的习惯，似乎只有在照顾别人，尤其是喂养别人的时候，她才能感受到自己的价值。因为从未得到父母真正的关注和疼爱，这位老人的内在空间有一部分是空缺的，那个空缺的空间充满了对爱的渴望，她将这种感觉投射在了孙子身上，她占据了这个孩子的内在世界，总觉得这个孩子是饥饿的。看到孩子把自己做的食物吃下去的时候，她的内心体验到一种满足。但这种满足只能维持片刻，因为这位老人并没有从这个关系中感受到真实的被爱、被关注，因此并不能填满内心的空缺。

如果这个孩子拒绝老人的喂养，或家里其他人觉得老人做的饭不完美，这位老人内心的空缺感、无价值感就会被唤醒，为了防御这样的痛苦，她不会允许孩子的拒绝，也不接受家人偶尔的抱怨。

这位老人没有办法允许孙子从自己的占据中脱离出去，与自己分离。而这个孩子在这样的被"占据"中失去了很多能力，完全没有办法离开家庭去适应更大的社会空间。

## ● 阻止孩子与他人接触

除了上文所述的因很难和孩子分离，继而无意识地剥夺孩子学习、成长的机会，还有些家庭会用更加直接的方式将孩子留在身边。我有一个好朋友，智商高、能力强，是一个幽默风趣的人。但他的人际关系处理得并不顺畅，即使在办公室或会议室和人打交道的时候，他都会显得有些紧张和退缩，他对自己的描述是："只要我面前谈话的人超过两人，我就像死机了一样。"而且他不太擅长在竞争中表现自己，虽然他的能力很强，但是在公司里只做到中层技术岗就没有办法继续晋升了。

回顾他的童年，他说自己从来没上过幼儿园。他是家里唯一的孩子，爷爷奶奶对他这个孙子非常疼爱，到了上幼儿园的年龄，老人坚持认为幼儿园的老师照顾得不仔细，别的小朋友会欺负自己的孙子，就不让他上幼儿园。

原来，他的爷爷奶奶婚姻关系很差，吵架、打架是家常便饭，他的父亲和叔叔从小就被父母的争吵所伤害，他的父亲成年后总是忙于工作，很少回家，叔叔更是对婚姻彻底失望，一辈子都没有结婚。所以说，这个家庭的空间的主题是孤独、暴力，没有多少快乐。

我这个朋友的出生似乎第一次给这个家庭带来了一些希望和快乐，爷爷奶奶全心全意地照顾他，没有亲密关系的叔叔也把他当成自己的孩子一样，时常给他买礼物、陪他玩。这个家庭对这个孩子有一个期待：不要离开！

回顾这番经历，我这个朋友感叹说，因为没上过幼儿园，他进入小学后也不太会与人交往，同学玩的互动游戏他都不会，也没法参与。好在他性格温和，学习成绩也不错，除了不太擅长和男孩子们一起竞争、玩乐，他的学校生活倒也平顺。但这种不擅长群体生活、回避竞争的特质，对他成年后的人际关系、职业发展造成了不小的影响。

## ● 通过占据孩子填充自己内在空间的亏缺

因为孩子脆弱而缺乏力量，要依赖父母，所以当父母和年幼的孩子建立关系时，更容易控制整个关系，更有主动权。同时，和年幼的孩子相处时，父母内心那个渴望被照顾的"小孩"很容易被唤醒，父母小时候缺失的爱，内在空间中亲密关系的亏缺，都有可能促使父母试图在孩子身上得到补偿和满足。

面对孩子的成长和分离，多数父母内心都会有一些波动，会有悲伤、不舍，这些感受是非常正常的。但如果父母的内在空间在依赖和亲密方面存在极大的亏缺，他们就有可能无法面对孩子的成长和分离。

分离与独立，依赖与亲密，是我们的内在空间非常重要的两个主题，我们一直在寻找两者之间的平衡。面对分离，孩子自然会紧张、焦虑，但如果父母能够稳定地支持孩子，帮助孩子不断练习独立所需要的能力，孩子是可以顺利进入更大的空间的。但如果养育者本身就害怕分离，想通过留住孩子来填补自己内心情感的亏缺或缓冲家庭的冲突和矛盾，就会阻碍孩子从家庭中分离，不让孩子进入一个更大的发展空间。

## 反思空间

小时候常常会有老人这样讲："一个人握筷子的位置，距离筷子头的远近，预示着他今后离家的远近。"请大家拿出一双筷子，尝试着代替自己的孩子去握一下，观察你握筷子的位置。

尝试回答下面这些问题。

（1）你愿意选择距离筷子头多远的位置来握住筷子？

（2）尝试从筷子的三个不同位置握筷子：距离筷子头很近的位置，筷子中间的位置，距离筷子头较远的位置，握每一个位置时，你心里的体验是怎样的？

（3）试着和你信任的朋友、亲人分享自己的感受，并讨论如果未来面对孩子的成长与分离，他们可以在哪些方面为你提供情感支持。

# 12

## 控制带来的安全感

　　亲子关系中的冲突，或多或少会涉及"控制"这个主题。有些父母总想把孩子的行为、心理、情绪反应控制在自己期待的空间中，而超出这个空间的部分，就可能引发他们的焦虑。

　　而其中有一种特殊的空间很容易被忽略，就是孩子的"**游戏空间**"。对于什么是游戏，儿童心理学家们达成了一些基本的共识。

- 游戏是没有明确目的的活动；
- 游戏是自觉自愿的活动；
- 游戏是专注且投入的活动。

　　看到这里，敏感的读者可能已经发现了一些有趣的地方，游戏的这三个重要特点，和成年人的日常生活差别很大，乍一听上去，和"控制"这件事情也是矛盾的。这就是为什么我会在谈"控制"的时候，提出"游戏空间"这个主题。

在幼儿阶段，孩子的很多时间都会用于玩游戏。从孩子的内在世界来说，游戏空间承载了他们的幻想、情绪、认知以及他们与他人的关系，在这个游戏空间中，孩子可以感受到快乐和自由，可以处理自己原本无法整合的很多复杂情绪，可以练习适应社会的技能，可以发展和他人的关系；而从外在世界来看，孩子的游戏空间有时候很简单：几张纸、几团黏土、几块旧布，就足以让孩子长时间开心地沉浸其中。

与孩子的"游戏空间"相对的，成年人的生活空间是怎样的呢？以半开放的格子间办公室为例，当一个成年人坐进自己的办公椅开始一天的工作时，是有明确的工作任务的，可能他的日程安排得满满当当，但很难说他是自觉、自愿的。

之所以把成年人的日常空间和孩子的游戏空间做对比，我是想强调：成年人在适应社会、适应生活的过程中逐渐形成的固有模式，有可能和孩子的游戏空间是冲突、矛盾的，甚至可能会严重地破坏孩子的游戏空间，最具有代表性的就是想要控制孩子的游戏空间，继而控制孩子的内在空间，影响甚至破坏孩子的正常发展。

我曾遇到过一个小男孩，虽然他家里有一个独立的游戏室，但这个孩子却不会玩，或者说无法像其他孩子那样沉浸在游戏中。

## ● 不会玩游戏的小男孩

我见到那个小男孩时他还在上幼儿园,他来到我的咨询室特设的游戏室后,仔细地看了游戏室里的各种玩具,但几乎没有去触摸任何一件玩具。他只是谨慎地审视所有东西,偶尔用批评的口吻评论这个游戏室:嗯,这个玩具好像没有摆放整齐哦;这样东西我家里也有,没什么意思,等等。

这个小男孩的父母都是企业高管,平日里非常忙碌,孩子从小主要是由住家保姆和钟点工照顾长大的。孩子的母亲是一个对自己、对他人都要求很高的人。在对父母访谈环节中,他们都提到孩子母亲这个特质,比如她对家里的整洁、做饭选用的食材、照顾孩子的方式方法等都有严格的要求,因此家里的住家保姆基本都待不久,也就是说,这个孩子从小就在不断更换照顾者。

孩子的父母曾提到孩子的游戏室,家里条件比较好,孩子从小就有一间独立的游戏室,里面摆放了很多玩具,而且给孩子买的玩具都很昂贵,从孩子很小的时候开始,母亲就严格要求孩子把玩具摆放整齐,不能随便弄坏、弄脏玩具。在我的感受中,那不是一个可以让孩子放松、自由玩耍的游戏空间,而是一间华丽但冰冷的宫殿。

接下来我和这个小男孩开始了"智力大比拼"的模式,在游戏室里，他好像一位知识渊博的老师，给我讲他从书上学来的各种知识，从英语的语法到古文诗词，从星辰宇宙到世界历史。一方面，我惊叹于这个孩子的聪慧，因为在知识积累和掌握方面他的确比很多同龄的孩子优秀；另一方面，我内心能感受到这个孩子的脆弱。他没有办法在这个游戏室里展开游戏，同时，他给我讲解知识的时候，眼神常闪烁着紧张和焦虑，仿佛很担心我会批评或指责他，难以确定我是欣赏他还是讨厌他。

我通过家长访谈了解到，这个孩子的母亲出生在农村，有一个姐姐和一个弟弟，因为家里孩子较多，她从小没有得到精心照顾。学业优秀、控制情绪、自我照料，这些都是她从小就学会的生存之道。"管好自己，千万不要给别人添麻烦"，这句话几乎变成了她的人生信条。

在这位母亲内心还有一个隐藏的伤痛：我不如我弟弟，就因为他是一个男孩，而我自己在这个家里是多余的。即使后来她已经结婚生子、工作优秀、家境富裕，依然无法磨灭她内心深深的自卑和自我厌恶。当儿子出生的时候，"一个男孩"激活了这位母亲内心非常复杂的情绪，她用非常严苛的方式控制着孩子生活、学习，而完全忘记了他只是一个"小孩子"。

## ● 当游戏的大门被打开

剥去了外在的各种自我控制，放下用知识赢得的赞赏，这个小男孩的内心深处究竟隐藏着什么呢？当我们的治疗进入中间阶段的时候，这个孩子在游戏室里常常把自己藏在帐篷里，他在帐篷里堆满了各种东西，还会把沙箱里的沙子弄得到处都是，而且他的游戏显得非常幼稚，就像两岁的小孩。在这个游戏空间中，我"看到"这个孩子内心被深深隐藏的那部分非常混乱，充斥着各种无法消化的情绪，而且他的游戏行为显示出他的内在世界有一些部分并没有发展，还停留在非常年幼的阶段。

在治疗室的游戏空间中，这个孩子终于有机会呈现这个部分，他让我看到了他的这个部分，试图与我交流。在游戏中，他常常要求我和他一起躲进那个小帐篷里，他在试图和我分享他的内心世界，也期待将我内化到他的心里。

## ● 强有力的控制摧毁了游戏世界

这个孩子之所以来寻求心理咨询师的帮助，是因为他在幼儿园和同学关系不好，极易被激惹，而且很容易呈现出各种焦虑的症状，尤其在回答老师的问题，或和小朋友们竞争或比赛的时候，焦虑情绪会表现得非常明显。后来孩子的情况引起了老师的关注，老师建议他的父母寻求专业的帮助。

与孩子的心理困境相应的，孩子的母亲也同样被身心的痛苦所困扰。她长时间受到肠胃消化道疾病的困扰，经常失眠，总是感到非常疲惫。虽然她的工作能力很强，在专业领域表现优异，但她很容易与他人发生冲突，因此在职场上也经常受挫。

从这对母子的故事中我们可以看到，孩子的母亲自幼感受到被忽略，自我价值感低，为了防御这些痛苦，她控制自己的情绪、控制自己的依赖感，将自己的不足尽可能控制在最小的范围内，从而获得一种安全感，这种安全感就是："我是被人欣赏的""我是被人喜爱的""我是有价值的"。

但是，这种强有力的控制摧毁了这位母亲内在的"游戏空间"，在她的记忆中，自己似乎不知道"玩"是什么意思。她很小的时候就要帮助家人做家务，后来为了取得好成绩，她将自己所有的时间和精力都投入学习，成年之后则投入职业当中。

这种强有力的控制也摧毁了她孩子的"游戏空间"，她用成人的理性世界来囚禁孩子的游戏世界，不断地强调知识的学习、强调规则，即使孩子无意间损坏了玩具，也会激发她的焦虑和愤怒。于是，这个孩子自然的成长与发展就被阻断了。

我尝试着在工作中慢慢地把这些呈现在这位母亲面前，令我印象深刻的是，有一次我请她单独进入游戏室，她慢慢巡视着整间游戏室，接着尝试触摸那些玩具，她的眼睛湿润了。当她把手插进游戏室的沙箱里，让那些沙粒覆盖她的手臂，开始在沙箱里搅动沙子时，突然号啕大哭起来。她哭了很长时间，情绪平静下来之后，她告诉我："虽然游戏室里的玩具没有我家的玩具昂贵、漂亮，但是我可以感觉到这些玩具都是快乐的，充满了生命力，当我把手插进沙箱的时候，我觉得那些沙子非常温暖。这是我从来没有感受过的。"我相信那一天，游戏室的空间容纳了这位孤独而倔强的女性，让她感受到温暖和自由，让她深层的悲伤有了表达的机会。

我有一位从事儿童游戏治疗工作的老师，她告诉我们她曾遇到的一个小女孩，每次在游戏室里都要用沙箱里的沙子给这位老师洗头。我们听了都惊呆了，问老师那怎么办？老师笑笑说，我觉得还好啊，我只是需要记得在这个孩子要来的当天穿一件光滑面料的衣服，她走了之后我全身抖一抖就好了。这位老师笑容中的稳定、安全与温暖，深深地照亮了在场的每一个人的内心。

## 反思空间

有一种儿童玩具叫"史莱姆"，你可以选择自己一个人玩史莱姆，也可以和自己的孩子一起玩，但我建议你最好能够留出一两次机会独自玩一玩。这个玩具最大的特点就是：混乱，没有目的，没有规则，玩的时候可以随心所欲。你可以拿着史莱姆的材料玩半个小时左右，在这个过程中要把所有的关注点都放在自己的身体感受和情绪感受上。

玩过之后请反思一下这个过程。

（1）当接触史莱姆的时候，你的身体感受是怎样的？是兴奋、放松，还是紧张和焦虑？

（2）你允许自己在史莱姆里面放几种原材料？哪些原材料是原本就成套买好的？你有没有尝试自己往里面随意添加一些原材料？比如洗澡用的沐浴液，男士的剃须液，或是隐形眼镜药水？

整个过程中，你的情绪体验是怎样的？

# 13

## 不能放弃的王位

本章要探讨的是儿童养育中一个比较极端的话题：家庭暴力。在某些家庭中，的确会出现极端的情况，会有人无视其他人的感受，认为自己有更高的决定权，并将自己对他人的攻击合理化。换言之，在一个家庭空间中，有人认为自己是"王"，可以对他人做任何事情。

我刚刚开始接触心理咨询工作时，接受过一位美国老师的培训，这位老师专门设定了一个主题，和在场的学员共同讨论殴打、体罚孩子的问题。当时不少学员说起他们小时候被父母打是家常便饭。而那位美国老师说："大家不要认为在美国的文化中，一直都是反对体罚的，其实就在我自己小的时候，也就是几十年前，在美国也认为打孩子、体罚孩子是很正常的事情。"

有一次我和母亲讨论这个话题时，我的母亲告诉我，她小时候每家都有好几个孩子，打骂孩子是很常见的，尤其到了晚上，常常听到隔壁的孩子被打得鬼哭狼嚎。人们开始关注家庭暴力的话题，只是最近几十年才开始的。

我之所以会将话题引到历史和社会文化当中，是因为：如果我们的父母、我们自己，小的时候生活在一个充满暴力的空间中，在这个空间中，有力量、有权力的人可以随意打骂其他的弱者，尤其是在力量和家庭地位上都处于弱势的孩子，同时还认定自己有正当的权力这么做，那么当这些孩子终于长大了，有一天掌握了这个空间的"王权"，在地位和力量的优势中坐上了"王位"之后，他们很可能也会殴打其他弱者。在心理学中，这类现象被称为"向攻击者认同"。

### ● 为什么家庭暴力会代际传递：向攻击者认同

有位男性告诉我，他小时候被父亲打是家常便饭，但有一次令他记忆非常深刻。他父亲喜欢集邮，那天有一个朋友送给他父亲几张珍贵的邮票，父亲非常开心，请那位朋友在家里喝酒。但朋友离开后，父亲发现有一张邮票不见了，认定是儿子偷走的。当时这个男孩只有七八岁，他和父亲解释自己没有碰过邮票，但父亲就是不相信，也许是因为喝了酒，也许是因为那张邮票比较珍贵，他父亲就像发了狂，把他吊起来打，家里人怎么都拦不住，惊动了很多邻居。

虽然这件事情已经过去二十多年了，但是给这位男性造成的内心伤害并未消失。成年之后，这位男性借着上大学的机会去了远离家乡的地方，从此很少回家。而说起自己的父亲，这位男性告诉我，他父亲小时候也经常被爷爷殴打，有一次爷爷甚至抽断了手里的藤条，把当时还是小学生的父亲打得送去了医院。

也许会有人会感到困惑：小时候体验到被父母殴打的痛苦的人，自己成为父母后，不是应该尽可能避免将这样的痛苦带给自己的孩子吗？的确有很多父母因为自己小时候被父母打骂过，非常深刻地体验到由此带来的创伤，在面对自己的孩子时，坚决避免再把这样的创伤复制、传递下去。但也有一些人无法逃出这样的魔咒。

仍然用"空间"的概念来解释一下家庭暴力的内在心理机制：当一个空间里有一个意味着力量、权力、强者的"王位"存在，那么与之相对应的，也会有一个意味着没有权力、无助和屈辱的位置是属于弱者、服从者的。父母殴打孩子时，父母就是强者，会体验到力量和控制；而孩子是弱者，会体验到脆弱、无力、被控制和被肆意侵犯。对于任何人来说，脆弱、无力、被他人完全控制和肆意侵犯的感受都是非常痛苦的，也是想要极力逃避的，但不同的人在这时候可能会做出不同的选择。

有些人会让自己成为一个保护者，也就是将空间里的"王位"

撤除，不是打骂和伤害弱者，而是试图保护弱者，同时也能够共情弱者。对一个保护者来说，他能体会到力量感和自尊，同时也能够内化、整合自己内心的脆弱和无助。

但也有一些人，他们会坚定地坐在"王位"上，将自己内心的脆弱、痛苦都投射到弱者身上，让他人去承担这些自己内心无法承受和整合的部分，自己则通过暴力来感受力量和优越感。

● **家庭暴力会如何伤害受害者**

对于遭受家庭暴力的弱者、受害者来说，在身体上受到攻击，会严重破坏他内在的边界感。皮肤是人体与外在空间的最后屏障，当一个人的皮肤及身体可以被他人肆意攻击时，对他的内在空间造成的影响是：自己的房间没有门，比自己强的人随时可以闯进来，进行破坏和掠夺。就像上文中的那位男性，虽然他已经成年，但在人际交往中他很难信任他人，总觉得提心吊胆，似乎担心别人会冲上来打骂自己；而当遇到真正的攻击时，他往往会僵住，对攻击丧失分辨能力，也不知道该怎么保护自己。

家庭暴力还会严重摧毁一个人的自尊。拥有"王权"的人不仅对弱者随意攻击，而且会给自己很多冠冕堂皇的理由，比如"不打不成器""我这么做是为了你好""你不听话，所以才会挨打"。这会让受害者感觉即使被打，也是因为自己有错。

## ● 施暴者为什么会在家庭暴力中受伤

家庭暴力对于施暴者来说，其实也是非常有害的。施暴者发泄了自己的愤怒，攻击了别人，把痛苦转嫁给别人，对他们来说有什么害处呢？其实每个人内心都有强与弱两个部分，一个内心成熟稳定的人，会感受到自己的强，也能够理解和包容自己的弱，在强与弱之间可以灵活转化、取得平衡。同时，这样的人也能够以平等、尊重的态度对待他人身上的强与弱。比如在亲密关系中，在某些时候我们可以很有力量地保护和支持我们所深爱的人，而在另一些时候，我们也愿意让自己信任的爱人看到我们自身的脆弱，依赖对方，允许对方支持和帮助自己。

但是对于惯用暴力的人来说，他们将脆弱和无助的部分全部从自己内心分裂和投射出去，放在别人身上，而自己只愿意感受到力量和权力。这样的人格是不健全的，而这样的人处于亲密关系中时，呈现出来的也是扭曲和混乱的状态。我曾经接触过一位施暴的父亲，有一次他对儿子拳打脚踢时完全丧失了理智，直到儿子身上的鲜血突然惊吓到他，他好像突然间意识到自己做了什么，这时他并没有去帮助受伤的孩子，而是惊慌失措地从家里逃跑了，很长时间都不愿意回家，不愿意面对儿子。但是，虽然他深感内疚和恐惧，却始终不愿意向孩子解释当时的情况，更不愿意为自己的暴力向孩子道歉。

家庭暴力并不只涉及身体暴力，它还包括情感暴力和语言暴力。比如有些家庭中，当孩子犯了错，父母并没有打骂孩子，而是长时间不理睬孩子，这会给孩子造成极大的压力，会让他们产生被父母抛弃的感觉。还有些家庭中，父母虽然并没有打孩子，但经常对孩子恶言恶语："你怎么这么贱！""你怎么不去死！""我真后悔生了你，当初就该掐死你！"这些语言犹如精神上的暴打，对孩子造成的伤害长久且深远。

在一个家庭空间中，我们需要的是温暖、包容、保护与支持，家庭的空间永远不需要"王权"，家庭暴力一定是错误的，要坚定地阻止其发生。

## 反思空间

要阻断家庭暴力，第一步要做的就是对愤怒的管理。当你有愤怒情绪的苗头时，请思考下面这些话题。

（1）通常什么样的情景会激怒你？

（2）请尝试体验一下自己的愤怒，当它有一些苗头出现时，你的身体感受是怎样的？

当你感到强烈的愤怒时，可以采取哪些方式来容纳、平复自己的情绪呢?

（1）除了打骂孩子，或者和家人发生言语、肢体冲突，有没有其他方式可以表达自己的情绪?

（2）你有没有一些转移注意力的方法?

（3）谁可以帮助你稳定情绪，不至于突然失控?

当愤怒平息下去的时候，思考下面这些问题。

（1）当你感到愤怒时，你内心真正需要的是什么?

（2）你可以尝试用什么方式向家人表达自己的需要，并尝试让自己的需要得到一定的理解和满足?

# 14

## 受损的自恋

我们在说某个人"自恋"的时候，通常是在指责和贬低对方；而在精神分析体系中，"自恋"并不是一个贬义词。实质上，我们每个人都需要一定程度的自恋，这会让人感觉到自我价值、感觉到在亲密关系中自己值得被爱、感觉到自己有能力在学业和职业发展中获得一定的成就。健康的自恋是一个人健康心理的基石，拥有健康的自恋，会有一个相对稳定且客观的自我认知和自我评价，不会因为一些挫折或别人的赞赏而有太大的改变。

而我们平时所说的自恋，往往是不健康的自恋。我曾遇到一位男性律师，他工作很勤奋、很敬业，算得上行业中的佼佼者。但他有一个特点，就是他要做赢家、要拥有好东西，尤其是他要拥有别人羡慕的眼光。和他谈话的时候，他很容易就会变成谈话的中心，他会向你呈现他的各种成就和智慧，而你会慢慢感觉自己像是被安排当听众的，而且讲话的人根本不在乎听众的感受，他就像一块巨大的海绵，不停地吸附听众的崇拜。在这样的谈话中，听众很容易就会觉得自己毫无价值，无形中被贬低、被忽略。

这样的人自然是令人讨厌的，所以他也会在他认为必要的时候，去照顾对方的感受和需要，甚至有时让自己看起来像一个很会照顾别人的人。但如果你细致观察就会发现，这种照顾并不是因为他真的尊重或喜欢对方，也不是因为他对对方感兴趣，而只是出于他的职业或社交关系需要才有意地照顾对方的。简单地说，这是一种策略或手段。

这位男性的自恋显然不是健康的自恋，而是有问题的、有障碍的自恋。对于这类人的内在空间模式，著名的精神分析师瓦米克·沃尔坎（Vamik Volkan）有一个非常形象的比喻："他仿佛生活在玻璃泡泡中一样。"生活在玻璃泡泡中的人，将自己封闭在自我中心的空间中，在这个泡泡之外的其他人并不能吸引他的关注，他只希望别人能够不停地赞赏自己、崇拜自己，而他对于别人的感受和需要并没有什么兴趣。生活在玻璃泡泡里的人，还将现实的生活隔绝在自己的视野之外，当现实的生活和自己想象、期待的不同时，他们的自恋会受到极大威胁，所以他们会突然暴怒或崩溃，或者完全无视现实生活。

## ● 将孩子当作满足自恋的工具

我之所以会接触到那位律师，是因为他即将升初中的儿子出现了严重的心理问题：焦虑、失眠、拒绝上学、经常情绪失控、暴怒和攻击他人。在老师的要求下，他才带孩子来接受心理治疗。

从他们的讲述中，我了解到他的孩子从出生时就属于较为敏感的孩子，对外界的刺激反应较大，哭闹的时候比较难以安抚。同时，这个孩子的智商较高，在幼儿园就表现出了很好的学习能力和记忆力，在同龄孩子中非常突出。这位父亲一直自诩自己从小就是学霸，很轻松地就可以取得极好的成绩，儿子的高智商让他更加得意，一直在亲朋好友中炫耀自己的基因优秀。

一般来说，如果孩子优秀、表现出色，做父母的会引以为傲，充满赞赏。但这位父亲不同，他并没有把孩子看作独立的个体去看待，孩子的高智商和成就对他来说，只是在满足他个人的自恋需求。

这位父亲就是一个"生活在玻璃泡泡中的人"，他并不在意别人的感受和体验。他的儿子的确智商很高，但同时这个孩子非常敏感，而且出现负面情绪时很难被安抚。而这位父亲无视孩子的情绪体验，并且对孩子的学业成就有极高的要求，这些要求对孩子来说变成了越来越沉重的威胁和压力。从小学低年级开始，这个孩子就开始出现很多焦虑症状：他的情绪很容易被激惹，上课容易分神，完成作业的速度越来越慢等。学习不再是他成长和发展的过程，而成了一种精神上的折磨，但在这个孩子艰难挣扎的时候，他的父亲只感觉到儿子实在太令他失望了，他开始变得暴怒，经常打骂孩子。对这位父亲而言，他面对的不是一个遇到困难、需要帮助的孩子，而是他自恋的威胁和破坏者。

### ● 美丽的玻璃泡泡，拒绝他人亲近

"生活在玻璃泡泡中的人"还有一个特点，就是拒绝和他人建立真正的亲密关系。因为建立亲密关系意味着允许自己表现出脆弱和依赖，也愿意回应对方的情感需求。而存在严重自恋问题的人，一方面并不接受自己是脆弱的，因为这是对自己的自恋极大的威胁；另一方面由于他们无视他人的感受，因此也不可能出于真诚的共情回应别人的情感需要。

由于性格比较敏感，所以这个孩子小学入学的第一天，面对完全陌生的环境有些退缩和紧张，在当天的活动中始终退在班级的最后面，唯恐老师点自己的名字。当时家长们都在教室的最后面参观教学过程，有些家长看到这个孩子那么紧张和焦虑，顺口开玩笑说："看那个小男孩，怎么腼腆得像个小姑娘。"说者无心，听者有意，这个孩子的父亲听了，表现得异常愤怒，没有和任何人打招呼就离开了学校。他对于孩子进入小学充满了期待，认为儿子智商那么高，

一定可以在班级中崭露头角，当他看到儿子的退缩和紧张时，觉得自己的期待瞬间就落空了。

孩子放学回到家后，本来需要父母的安抚和支持，结果却只看到父亲一张冷冰冰的面孔和一双愤怒的眼睛，吓得孩子一句话都不敢说，憋了一天的委屈和紧张，只能硬生生地咽下去。之后一周的时间，家里的气氛都异常紧张。

### ● 为什么有些人只愿"生活在玻璃泡泡中"？因为持续地被忽略、被贬低

这位非常"自我中心"的父亲，出生于一个不大的镇子，父母受教育程度低，收入也很低。在他的记忆中，他母亲不会操持家务，家里总是很乱、很脏，孩子们的衣着也是脏兮兮的。因此，他从小就常常感受到来自邻居和亲戚们的鄙夷。在他的感受中，自己的家里好像总是弥漫着一种压抑、沉闷甚至有一些腐臭的气味，似乎任何好东西都不属于这个家。他的父母也总是阴沉着脸，唉声叹气。家里每一个人都好像生活在一种类似封闭的套子里，他似乎永远无法被父母"看"到，他优异的成绩，可以换来老师的赞赏、同学的羡慕、亲戚的妒忌，却换不来父母的关注。在他的内心，似乎有一个地方隐藏着一个无底洞，无论获得多少成就和赞赏，都无法将它填满。他觉得那个无底洞似乎就是自己父母的眼睛，涣散、无趣、

空洞，对任何事情，即使对自己的儿子，也毫无兴趣。

著名的精神分析学家科胡特（Kohut）认为：孩子健康的自恋来自父母持续而稳定的回应。通俗地讲就是，如果当父母看着孩子的时候眼睛里是有光的，孩子就会感受到自己是有价值的、值得被爱的。那种持续被关注、被欣赏、被回应的情感体验，会被孩子内化在自己心里，成为健康自恋的核心。

但并不是每个人都有如此幸运的童年。如果父母在成长的经历中自恋严重受损，形成了病理性的自恋，往往会对他们的孩子造成严重的影响。如果父母是"生活在玻璃泡泡中的人"，那么这个玻璃泡泡就将他们和周围的世界隔离开了，他们没有办法对自己的孩子有真正的关注和理解，当孩子可以满足他们的自恋需求时，如孩子智商高、学习成绩好、长得漂亮等，他们就极有可能会把孩子当作利用的对象；但如果孩子无法满足他们的自恋需求时，他们会感觉自己的玻璃泡泡受到了威胁，就会试图用各种方式维护自己的自恋，比如他们可能会打骂孩子或表现出对孩子的贬低、蔑视等，这些行为似乎在表达：你不配做我的孩子。当然也有一些更为极端的情况，就是父母完全忽略孩子，在情感上对孩子没有丝毫回应。无论是哪种情况，我相信大家都不难想象，这对于孩子的成长都会造成严重的负面影响。

## 反思空间

请回忆你的孩子某次失败的经历，比如考试失败，或在集体活动中表现得不如其他孩子，然后思考以下问题。

（1）当你看到这个情景或听到这件事情的时候，你的第一情绪反应是什么？

（2）在孩子的这次失败中，你最在乎的是什么？

（3）尝试感受一下孩子在这次失败中的感受是什么？他最希望从父母那里获得的情感体验是什么？

（4）试着区分一下自己体验到的负面情绪，有多大比例源于自己，多大比例源于孩子？

在孩子的失败中，父母感到丢脸、挫败、羞愧和愤怒，这些感受都很自然。但在这里，请尝试把自己的挫败感和孩子做一些分离，一方面允许自己有负面情绪，另一方面也要能够腾出内在空间，看到孩子的脆弱与需求，看看可以用怎样的方式支持自己的孩子。

# 15

## 无法释怀的缺憾

我有一个朋友，他一直保留着一小盒没有拆封的彩色橡皮擦，因为保存的时间过长，这些橡皮擦已经老化得不能正常使用了。每次搬家，他都会小心翼翼地把这盒橡皮擦带到新的地方。他告诉我，他的父亲在他读中学时意外过世，而这盒彩色橡皮擦是父亲一次出差时买给他的礼物，因此他一直留作纪念。

我想可能很多人都留有类似的东西，无论这东西价值多少，对于它们的主人来说，它承载的是记忆、期待和意义，是无法用金钱衡量的。人为什么常常需要这些外在的东西，这些纪念物呢？我对此的理解是，因为人的一生都会面对"丧失"。

关于丧失，在前文"沉重的家族期待"中已针对家族中的创伤事件、养育者对生活的期待这两个方面进行了讨论，而在这一章中我想从另一个角度对"丧失"这个主题进行一些分析。"丧失"是伴随我们一生的主题，有一些丧失是非常清晰、明确的，也是很有冲击性的，例如我们身边的人可能会因为各种各样的原因离开我们，甚至无法再次见面；而有些丧失却是非常缓慢地发生着，人们似乎没有对其特别关注，却会深受其影响，例如这一秒我们会失去曾经年轻而富有活力的身体；我们手中的东西会慢慢变得陈旧，最终无法再使用。"丧失"贯穿着我们生活的始终，却也是我们大部分人想要极力避免的。

我在电影中看到过一个极端的例子，有一个人不愿意丢弃报纸，他把自己订阅的每一份报纸都小心翼翼地保存起来。随着时间的推移，报纸在他的房间里占据越来越大的空间，以至于他根本无法正常生活。这个电影片段似乎象征着主人公对于时间的流逝非常恐惧，似乎留下每天的报纸，他就可以把时间定格在自己的房间里，一切都不会过去，一切都不会丧失。除了这个病态行为，他还有一个极大的困难，就是他基本上没有办法走出自己的家门，只能靠在网络上做翻译工作为生，日常用品也都依赖于快递。他既恐惧丧失，又恐惧接触新事物，完全把自己冻结在房间里。

"冻结在某个时间、空间当中。"我想这可能是对于无法应对丧失的一个极好的比喻。在日常生活中，绝大部分人都还能保持住良好的适应功能：学习、工作、交友等，不会像这个电影中的主人公这么严重。但我们剥离掉表层的现象，去挖掘内在空间的深层主题，就会看到很多的相似性。

如果父母有一些无法释怀的缺憾或无法整合的丧失，就可能会对他们的孩子及其成长造成很大影响。

## ● 让问题回到起点

我曾遇到过一位父亲，经营着一家小型企业，当我见到他的时候，他的企业已经渡过了艰难的起步阶段，进入稳步发展阶段。他和妻子关系融洽，育有一儿一女，家庭富裕，生活的方方面面都基本顺利，令人满意。最困扰他的是他和儿子的关系，以及儿子的行为和情绪问题。

他的儿子小时候是个听话、懂事的孩子，但随着年龄的增长，尤其是进入中学之后，和父亲之间的冲突就变得越来越严重。随之而来的还有这个孩子的厌学情绪，以及频繁的情绪失控。

当我和他们交流的时候，我询问了这位父亲上中学时的情况，掀开了他一段无法释怀的往事，也让我看到了这段亲子冲突的源头。原来，这位父亲小时候一直是一个非常聪明、成绩出众的孩子。在小学时他最得意的事情就是自己根本不需要太用功就可以取得非常优异的成绩。即使有时他也调皮捣蛋，但因为他有优秀的成绩做挡箭牌，老师们也总是对他网开一面，还有些老师不仅不惩罚他，还格外喜欢他。后来他顺利升入了当地最好的中学。在中学里，他参加了学生会，积极地投入到很多活动的组织工作中，很快就在老师和同学中小有名气。进入高中后，连校长和教导主任都对他格外青睐。但随着学业难度的增加，尤其是在他担任学生会主席之后，学习和社团工作之间开始有了一些冲突，那种疲惫和分身乏术的感觉越来越重，学习成绩也慢慢地滑到了中等水平。高考的时候，他没有考入自己心仪的名校，虽然也进了一所重点大学，但仍然令他大失所望。

### ● 未整合的丧失对于亲子空间的影响

进入大学之后，他为自己在中学时的表现深感懊悔，认为自己在人生的重要阶段迷失了自己，放松了学习，导致自己与梦寐以求的名校失之交臂。虽然毕业之后他的职业发展一直不错，但没有考入名校的遗憾成了扎在他心里的一根刺。当他的儿子考入中学之后，这根刺又被碰触到了。

进入中学的孩子，相应地也进入了青春期。他的儿子不再满足于每天埋头学习，想尝试一些更有趣的事情，想参与学校的活动，也想结识更多的朋友。本来这只是一个少年非常自然的发展需求，但因为这位父亲曾经在这个地方"摔倒"过、有过遗憾，所以儿子的行为激活了他内心的恐惧和悔恨。他开始越来越多地干涉孩子的事情，不允许儿子参加学校的活动，不允许儿子和同学有更多的交流，要求儿子把所有的时间和精力都用在学习上。在他眼里，考入名校，最好是考入国际名校，才是人生最大的意义。

那么，成长中的这种打击和挫折，会产生这么大的影响吗？这正是本章要强调的一点，关于"丧失"这一主题，往往会是一个多层次、多维度的复杂问题。

## ● 拨开迷雾，看到丧失中更深层的主题

在与这位父亲的交流中，我心里一直有个疑问：没有考入自己心仪的大学，的确是一个挫折和遗憾，但事情已经过去了二十多年，之后人生的发展也很不错，为什么他对此一直无法释怀呢？随着交流的深入，这个谜题也慢慢地解开了。

其实这位父亲一直无法释怀的，表面上看是没有进入一流名校，但这只是最后的爆发点，真正的原因则在很早就埋下了伏笔。小时候的他，最得意的是自己可以轻轻松松取得出类拔萃的成绩，他非常享受那种天赋过人、无须努力就可以横扫天下的感觉。但这种满足感在他进入中学之后就受到了挑战，由于他所在的中学汇聚了太多优秀的孩子，他需要付出很大精力和努力才有可能超越别人，这让他感受到了极深的挫败感。而他将精力和时间投入社团活动中，一方面是因为他在这些社团活动中受到的关注和赞赏补偿了他内心的挫败感，另一方面也可以理解为他逃进了社团活动中，当成绩不

理想时，他可以推脱说是社团活动耽误了自己的学业。

所以说，真正的破坏者并不是社团活动，而是他内心深处想要成为"天赋过人的奇才"的欲望；他无法释怀的是这个幻想被同学间激烈的竞争所打破，无法释怀的其实是一个自我全能的欲望。

## ● 让时间冻结在起点

让我们从"内在空间的发展"的角度重新理解和分析一下这个家庭故事。对于一个刚出生的婴儿，其空间就是婴儿床那么大，能够看到的、接触到的东西也都限制在这个小空间中；随着婴儿一天天成长，能够坐起来了、会爬行了、能够接触更远处的东西了，进而可以突破婴儿床的限制，进入更大的空间了。这不仅仅代表着每个人成长中的物理空间的变化和发展，也意味着人的内在空间的不断丰富和发展，这是一个非常自然的过程。

弗洛伊德曾认真分析过这个自然的成长过程，他将此视为"生本能"，也就是每个人天生就有一种能力、一种欲望，想要突破现有的限制、接触更丰富的空间、尝试更多元化的体验。

但我们需要关注的是，这个成长和发展的过程也必然意味着一些丧失。一个孩子在家庭这个小空间中，可能被很好地呵护、宠爱，被所有家人关注。当他走进幼儿园，就不得不和其他孩子一起分享老师的照顾和关注，失去了在家庭中那种"独一无二"的地位。毫无疑问，这个丧失的代价是值得的，因为这意味着获得更多的机会来发展自己。

但也有人无法接受这些丧失，这时候他的生活就被卡住了，就被冻在了一个固定的时空中，他也就很难继续向前发展。例如前文提到的电影片段中，主人公把自己冻结在堆满旧报纸的房间里，没有办法走出去，也没有办法接触不同的人，开展新的生活。

再比如本章中讲述的这位父亲，他的内心世界其实被卡在他七八岁的时候，那时他有一个幻想，就是自己可以轻而易举地战胜所有人。对一个孩子来说，在那个年龄有这样的幻想也很正常。但随着我们长大，我们遇到越来越多的人，遇到越来越复杂的生活，这个幻想会自然而然地被打碎，会不得不放弃。但这位父亲没能接受这个丧失，儿时的幻想成了他的执念，占据了他内心太多的空间。不仅如此，这个执念还在侵占他儿子的发展空间，他不允许自己的孩子走属于孩子自己的道路，他要求孩子去实现他已经破碎的幻想，给孩子的成长造成了巨大的阻碍。

## 反思空间

你的孩子现在是多大年龄？你自己在孩子现在这个年龄的时候正在做什么？那时候有没有发生一些让你印象特别深刻的事情发

生？当你想起这些事情的时候，请尝试回答下面的问题。

（1）那些事情当时带给你的情绪体验是怎样的？想起那些事情，你此刻的情绪体验是怎样的？

（2）当时你是怎样理解那些事情的前因后果的？现在你又是怎样理解的？

（3）你的情绪体验有变化吗？你对同一件事情的理解，从过去到现在有变化吗？

（4）那些特殊的经验是否会影响当下你和孩子相处的方式？

# 16
## 不能忍受的混乱

接下来我们来探讨孩子在青春期的发展。这个阶段的青少年可能会穿奇奇怪怪的衣服；可能会偷偷尝试喝酒、抽烟，虽然很多时候他们自己并不喜欢这些东西；可能会突然迷恋哲学或摇滚乐，经常问出一些有关人生意义的问题，等等。

除了这些外在的行为表现，青春期的孩子还有一些更深层的变化。从身体方面讲，青春期的孩子开始显现第二性征，他们首先要面对"我和我"的问题：我的身体在变化，未来我的身体会变成一个我喜欢的样子，还是会令我失望呢？青少年还要面对"我和他人的关系"的问题：如果我是一个小孩，我和父母、朋友的相处是一种方式，但如果我是一个年轻的男人或女人，我和他们的相处方式就会有很多不同。青少年还要面对"我和团体的关系"的问题：在一个同龄人的群体中，那些性发育较早的孩子，有的会为此感到扬扬得意，有的却会为此感到羞愧。而且以上这些问题并不是单纯地独立存在的，在同一个青少年身上，这些问题在不同的时段可能还会不断地变化。

青少年在青春期的发展、变化，也会和之前的人格成长、家庭关系、人际关系紧密地联系在一起。对于有些青少年来说，他们的家庭关系比较稳定而且有支持性，他们之前形成的自我意象也相对比较稳定，他们在大部分时间感受到自己是有价值的，和他人的关系也比较开放和积极，他们对于父母中和自己性别相同的一方更有认同感，对于自己身体的变化虽然感到陌生和紧张，但总体上会比较接纳自己的变化。而那些家庭关系存在一些困难的青少年，他们在青春期的适应和发展过程中，就有可能突然暴露出很多问题。

从以上描述中可以看到，即使是一个心理发育比较健康的孩子，在青春期时内心也会面临很多困扰。在这个阶段，家庭关系，尤其是父母和孩子之间亲子关系的质量，对孩子的发展非常重要。如果把家庭视作一个空间，那么青春期的孩子会把很多冲突、混乱带到这个空间中。这个空间首先要足够坚实、稳定，能够经得起这些挑战，比如有些青少年可能会尝试一些很危险的事情，这时父母就要坚定地告诉他们：不可以！这可能会引发孩子与父母之间的冲突，但此时就需要父母坚持原则，因为这是在坚定地保护孩子。但这种情况往往会造成父母承受很多来自孩子的攻击和反抗。

同时，这个空间还需要足够大，要允许青少年在这个特殊的时期尝试一些事情。他们的审美、价值观等可能和父母产生巨大差异，有时候他们可能会表现出很激烈的情绪，这时父母要做到不强行改变孩子、不攻击孩子，并要能够理解孩子。面对青少年的混乱，父母自己内心的混乱有可能会被激活，这时父母将不仅要面对来自青春期孩子的挑战，还要面对来自内心的挑战，这是青春期孩子的父母面临的最大困难。

　　当我遇到小秦的时候，她 13 岁。当时她的状态很不好，晚上总是熬夜，长期睡眠不足；在学习时她很难集中注意力，学习效率很低，无法完成正常的课业；同学觉得她性格孤僻，很难沟通，因此她几乎没有同龄的朋友；她经常情绪失控，还会有一些攻击行为；最后发展到她拒绝上学，只好办理了休学手续。但是休学在家之后，她的情况变得更加严重，她拒绝洗澡，把自己弄得非常邋遢；晚上她会通宵打电脑游戏，白天就睡觉；从不和家人一起吃饭，总是躲在自己的房间里吃东西；几乎不和家人交流。

### ● 表面的平静与深层的混乱

　　小秦的情况让父母异常焦虑、痛苦，但我注意到，我第一次见到小秦的母亲时，她并没有表现出任何焦虑或担心，她的情绪非常平静，交流的过程中她一直保持着微笑，而且一直在讲她很理解自己的女儿，能够容忍她现在的表现。在我面前的是一位非常"讲道理"的妈妈，但面对这位母亲，我内心却莫名地感到不安，甚至焦虑。那种感觉就像走进了一个洁净的房间，表面上看一切都很好，但这个房间里的每个人都明白，在整洁的表面之下隐藏着很多冲突和混乱，很多不安全、不稳定的因素，表面的洁净有序不过是一层薄薄的壳，脆弱而易碎。

随着交流的深入，我终于有机会慢慢看到这层外壳之下的内心世界。小秦的母亲性格非常焦虑，她常常感觉这个世界上存在很多威胁，乘坐公共交通出行时，即使在很热的天气，她也会戴口罩和手套，她总觉得被别人接触过的东西很脏。在人际关系中，她常常觉得别人妒忌自己，可能会在背后伤害自己，因此她和同事、领导的关系非常紧张。女儿出生不久后，她就辞职在家照顾孩子，很少和他人交往。

母亲也把这些焦虑无形之中传递给了小秦。从小秦很小的时候起，她的身体健康、和小朋友的交流、学习状况等，似乎每一件事情都会激活妈妈的焦虑。比如小秦上幼儿园时，一到流感高发季节，母亲就会给小秦请假，让她避免和其他孩子接触；每当小秦有了新的朋友，母亲总要提醒她不要被别人欺负或利用了，久而久之，小秦和同龄的孩子之间不再有亲近的关系；而进入小学之后，小秦每天都生活在母亲的严厉监督之下，似乎只要有一点点松懈，小秦就会遭遇什么可怕的事。

## ● 对内在混乱的否认与隔离

我试图了解小秦母亲的内在空间，但靠近她的内在空间是个很困难的过程，因为那里充满了愤怒、羞耻与悲伤，各种艰难的经历让这个空间充满了混乱与冲突。

在小秦母亲的记忆中，她的父母之间只有无尽的争吵，而他们争吵的内容也基本不变，就是因为父亲不断与不同的女性发生婚外情，而她的母亲则总是疑心重重，将大部分注意力都放在"侦查"上，所以这个家庭的基本氛围就是不安、焦虑和混乱。

当小秦的母亲进入青春期之后，她突然感觉到家庭的氛围似乎变了，父亲看着女儿，眼神中不再是父亲对女儿的那种欣赏和关注。这样的眼神让女儿感到不舒服，而母亲对待女儿的态度也越来越差。这种混乱而没有界限的家庭关系让少年时的小秦母亲几近崩溃，所幸在高中时她申请了住校的机会，从那个可怕的家庭中"逃"了出来。

接下来我们来探讨一下家庭的秩序问题。现在大家听得比较多的论调可能是：父母要和孩子成为朋友，要平等。我并不反对这类观点，但同时我也要强调，在一个家庭中，父母就是父母，就是权威，必须承担起保护者的责任，也需要维护整个家庭的基本规则；

而孩子就是孩子，是被保护者，也需要服从家庭秩序和规则。

在小秦母亲的原生家庭中，父亲的出轨行为破坏了家庭关系的安全感，而母亲的过度警觉及父母的争吵更是破坏了整个家庭的稳定。当小秦的母亲进入青春期后，更需要家庭的安全、稳定，尤其是关系中的界限和秩序来保护她，但是她的父母却将她置于一个情人或情敌的位置，家庭关系的秩序完全被破坏了。

这种混乱感会给人带来巨大的痛苦，为了抵御这种痛苦，小秦的母亲采取了两种策略。一种是她把这些混乱投射到外在世界，认为是外在世界肮脏、混乱，不是自己的内心混乱；是外面的人想要伤害自己，不是自己内心有很多冲突和矛盾。当小秦的母亲有了自己的家庭之后，她通过各种外显的控制行为来管理自己的内心冲突，而这些过度的控制及无法被控制的焦虑，严重干扰了小秦的成长空间。这些压力积累到青春期，终于爆发了出来。

小秦母亲采取的另一种防御方式，就是让一切从表面上看起来都很好。小秦的父亲也采取了类似的方式。平日里，小秦的父亲忙于工作，很少和家人交流，放假的时候，他最喜欢带着小秦去剧场听相声，他似乎用看表演时的笑声掩盖了这个家庭实质上存在的困难与痛苦。

但这些防御方式和策略，都是潜意识层面的，小秦的父母并没有真正意识到自己在做什么。当小秦进入青春期后，这个发展阶段的混乱和冲突打破了家庭原有的脆弱的平衡。父母内心的混乱、家庭关系中的控制和压抑、孩子内心的混乱交织在了一起。小秦休学在家时，心理状态非常不稳定，有时她觉得除了自己的床之外的空间都是极度不安全的，在家里她都会戴口罩和手套，有时她还会把自己完全关在房间里不出来，甚至拒绝正常的洗漱和清洁。从这些行为中或多或少能看到一些她父母行为的影子。

小秦的家庭也让我想到我的一个朋友，她的房间看上去整齐、干净，但她的每个柜子和抽屉里都塞得很满，而且很混乱。小秦的母亲"让一切从表面上看都很好"的防御方式，就相当于把内在的混乱藏在"柜子"里。但只靠一扇薄薄的柜门把所有的混乱隐藏起来，是非常脆弱的。当家里的孩子步入青春期，这个发展阶段的混乱就有可能成为无意间撞开"柜"门的手，有可能会引发、暴露出父母内心长期未曾整理的混乱。这时候倾泻而出的"陈年旧物"，就有可能侵占孩子的成长空间，也会恶化整个家庭的生活空间。但我认为这同时也是一次机会，可以让父母重新看到自己的内心世界，在陪伴孩子成长的过程中，也可以重新整理自己。

## 反思空间

如果你有一个正处于青春期的孩子，请仔细回忆一下你们最近的一次争论，然后尝试思考下面的问题。

（1）当你们发生争论的时候，孩子的哪些观点或态度激起了你的愤怒或排斥？

（2）以这个观点为主题，想象一下你正在参加一场辩论会，你和孩子的观点分别代表正方和反方，请你分别给正方和反方写出五条辩论的理由。

（3）再次回到自己原来的观点和立场上，你还记得最初形成这个观点是在什么时候吗？那时候你经历了什么事情？例如我有一个朋友，他坚持认为大学选专业绝对不能选择商科或文科，认定那些专业都是没用的，而他的这个观点其实是和他自己的学习、工作经历吻合的。

（4）试着把你的观点和不同的朋友聊一聊，看他们有没有一些带给你启发的想法。

# 17

# 不认识的陌生人

谈到青春期的话题，我常常会想起我和一位初中女孩的母亲谈话的场景，当时她的情绪非常激动，觉得孩子从头到脚、每时每刻都是问题：不愿意和父母好好说话，对父母的建议一律反对，经常听一些很吵闹的音乐，和同学、朋友聊天花费了太多时间，等等。接着这位母亲又说：女儿以前品学兼优，在家里对父母也非常顺从，完全不是现在的样子。我问这位母亲："你是不是觉得自己的女儿一夜之间就变了，变成了一个自己不认识的陌生人？"这位母亲一愣，接着眼眶就红了，不停地点头说："是的，就是这种感觉！"

我想这样的感觉可能很多青春期孩子的父母都有。我认识一位朋友，在我们的印象中，她从小到大都是长辈眼中的"好孩子"，但有一次她告诉我们，她上初中时曾离家出走过，这让我们都大吃一惊。

对于大部分父母来说，他们看着自己的孩子从小长大，从照顾婴儿的吃喝拉撒，到扶孩子蹒跚学步、教孩子牙牙学语，所以心里总认为："这个孩子，我还能不知道他！"但这种非常熟悉和可控的感觉，往往在孩子进入青春期后受到挑战。

和青春期的孩子相处，父母常常会觉得不知所措，就像面对一个陌生人，不知道对方在想什么，不知道怎样的相处方式是合适的。青春期的孩子开始追求独立的个性，这是父母与青春期的孩子相处的巨大挑战。

我们上中学或大学时大多都有住集体宿舍的经历，好几个同学住在同一间房子里，各有各的喜好和行为习惯，大家相处的过程中会发生很多摩擦和冲突，也会有亲密的沟通和交流。能够建立一个良好的同宿关系，很大程度上取决于彼此之间相互尊重和包容。青少年和父母虽然不是完全平等、独立的，但在一定程度上，青少年需要父母尊重他们的独立性，他们不再是被动和顺从的。我想前文提到的那位母亲之所以很难适应和青春期女儿相处，部分原因也是由于她无法将女儿视为一个有自主性的独立个体。

青少年的生理和心理的成熟度都和成年人越来越接近，这时对他们的父母来说非常有挑战性的事情就是如何面对青少年的性发育。这也是很多父母觉得孩子如同变成了陌生人，不知如何与孩子相处的重要原因。

对孩子的性教育，除了让孩子了解基本的性知识之外，更重要的是让孩子懂得建立界限、人际尊重、自我价值、自我保护、如何建立亲密关系等。

## ● 失控与无法交流

有一个来访者，家里有一个上初中的男孩，为了讲述方便，我在这里称这个男孩为小隆。小隆在学校里经常不经允许就乱动女孩子的东西，或者拍打女孩子的身体。最近一次，他试图把一个同班女生抱到自己的腿上，引发了同学和他之间激烈的冲突。而他的父母也不知道应该怎么对他进行教育和沟通，所以决定求助于心理咨询。

通过交流，我逐步了解到，小隆从小就是一个性格比较特别的孩子，他的父母一直觉得很难和他沟通和交流，教小隆遵守一些基本规则总是非常困难，至于教他如何和别人建立关系就更加困难了。他似乎很难理解别人的感受，因此从幼儿园开始就和小伙伴冲突频繁。在他很小的时候，父母曾多次带他去看儿科医生，医生们怀疑他有自闭症倾向，但最终并未确诊。

小隆的父母都从事研究和技术工作，性格内向，也不擅长人际交往。在这个家庭里，父母的关系比较融洽，也很爱这个孩子，但因为这个孩子的特殊性格，让他们一直非常焦虑，好像他们与孩子之间总是隔着一堵墙，虽然父母做出了各种努力，但就是无法进入小隆的内心世界。

小隆进入青春期之后，脾气明显变得更加糟糕，他常常显得非常焦虑、易怒，而且当他情绪不好的时候，很难安抚。初中的男孩与女孩关系变得更加微妙和复杂，小隆的父母也希望能够教会孩子如何和女生相处，但对小隆来说，理解规则、理解和尊重他人的感受、控制自己的冲动行为似乎格外困难，家里也因此经常爆发冲突。

## ● 意外敲开了一扇门

刚开始，我和小隆的沟通也很困难。

我们治疗室中有很多玩具和艺术创作材料，我发现小隆很快就对其中的绘画材料产生了极大兴趣。小隆不是一个擅长语言表达的孩子，但绘画让他能够呈现自己非常丰富的内在感受和体验。正是通过与他一起绘画创作，在我和他之间搭起了一座沟通交流的桥梁，让我得以走进他的内心世界。随着我和他关系的建立和逐渐稳定，他的焦虑、烦躁情绪慢慢平复下去。最后我终于能够和小隆沟通交流了，就仿佛意外敲开了一扇紧闭的房门，让我也有几分兴奋。

有趣的是，小隆很期待能够和他的父母分享自己的绘画作品，于是我帮助小隆的父母通过绘画的象征方式来理解小隆，帮助他们通过"共同绘画"的方式和孩子交流。当这对父母终于找到和儿子沟通的方式之后，他们非常兴奋，因为这是他们努力寻找多年的东西，现在，他们之间的那堵墙终于有了一扇可以自由开合的门。

通过这样的沟通，小隆逐渐学会了理解人际关系中的界限和行为规范，也慢慢理解了自己身体的变化。虽然他不是一个热情、外向的孩子，但是和同学的关系有了明显改善，尤其是和父母的关系越来越融洽。

## ● 理解父母的困境与尴尬

当小隆的状态越来越平稳，他的父母也慢慢放松下来，而我也终于找到了机会进入他们的内在世界。这对父母的性格都比较内向，平时话也不多，但他们温和、宽容，也能够专注于养育孩子，有成为足够好的父母的潜质。只是由于小隆天生的气质就属于较难养育、较难沟通的，才造成了他们养育中的困境。

父母和孩子之间的关系，我们要将之视为一个关系系统，并不能将所有的困境都归咎于父母。有一些孩子的确天生就有一些特殊的气质，会给养育的过程增加一些挑战。如果刚巧父母不擅长应对这些挑战，就会成为一个恶性循环。比如小隆的父母，他们本就性格内向，不擅长与人打交道，偏巧小隆又是一个较难沟通的孩子，这就让他们的关系如同走迷宫一般，父母和孩子都找不到出路。

这也是我需要再次强调的观点：亲子关系，除了父母的养育能力之外，还受到孩子与父母之间匹配度的影响。仍以小隆的家庭为例，小隆进入青春期，不知道如何与异性同学打交道，常常贸然打破人际界限。而小隆的父母还有一个特点，就是对与性相关的话题非常敏感，总是回避。他们的夫妻生活质量还不错，但是走出家门，在外人面前，他们连手都不会拉一下，当我一开始和他们讨论小隆的性心理发展与引导的时候，这对中年夫妻立刻脸红到了耳根。这也让我意识到，让他们直接对小隆进行口头的性教育是很困难的，他们会感到非常尴尬，难以启齿。

讨论之后，我们共同决定由小隆的父母去选购一些专门为青少年准备的性教育图书及绘本，让小隆自己学习，学习之后在咨询室里与我交流。这个方法效果很好，也让我们所有人看到，想要改善亲子关系，找到恰当的方式多么重要。

在日常生活中，如果我们和一个陌生的成年人相遇、共处，为了建立良好的关系，我们会尝试彼此认识、了解，在需要共处的空间中逐渐磨合出一种彼此都觉得比较舒服的方式。而我们和自己的孩子相处时，一方面我们是了解他们的，因为他们从小和我们生活在一起，我们陪伴他们走过了成长的点点滴滴；另一方面，我们又是不了解他们的，因为他们在不断地成长、变化，而且他们是独立的个体，在这个世界上，没有任何两个人能够完全了解对方的内心世界。因此，作为父母，我们一方面要有信心，即使孩子进入青春期有了一些变化，他们依然是当初我们认识的那个孩子，我们彼此是熟悉的；但另一方面我们也要尊重孩子的独立性，允许孩子有自己的想法，那些想法和感受是我们不了解、不熟悉的。

同时，对青春期孩子的性心理发展问题，父母首先要思考自己对待性的态度。如果父母对"性"这件事情感到焦虑、恐惧和压抑，那么孩子的性发育将会引发父母内心极度的不安，可能在贬低、排斥性的潜意识影响下，就会让孩子对自己正常的发育产生羞耻感和排斥感。同时，父母面对正在发育中的青少年，要建立起良好的行为和心理界限，帮助孩子意识到自己的身体、自己的感受是应该被尊重的，从而也会让他们学会尊重其他人的身体和感受，在与异性、同性伙伴的交往中建立起合理的界限。

## 反思空间

当你的孩子已经从幼儿园的小朋友变成青春期的少男少女，你们的家庭关系及亲子关系有哪些变化？试着回答下面的问题。

（1）在与孩子相处的时候，成年人尊重孩子的界限吗？具体通过什么方式来体现？

（2）作为青春期的少男少女，你的孩子应该如何学习自我保护？父母通常会用什么方式帮助孩子建立自我保护意识？

（3）再过十年，你希望自己的孩子成为一个怎样的年轻男性或年轻女性？他们的魅力可以从哪些方面表现出来？

# 18

# 再次面对分离

　　孩子与父母是彼此独立的个体，孩子最终将会长大成熟离开父母，但这并不意味着父母和孩子之间的情感纽带就会断裂。面对孩子的成长与分离，对于孩子和父母来说都是充满挑战的。

　　一个孩子从最初完完全全被包裹在母亲的身体中，是母亲身体的一部分，在出生的那一刻，孩子完成了和母亲的第一次分离。很多父母在看到孩子的第一眼时，会觉得自己仿佛面对着一个完全不认识的小生命。那一刻，眼前这个真实的孩子取代了父母想象中的孩子。

　　从母体中分离出来之后，婴儿依然高度依赖父母，而被孩子依赖，一方面是负担、压力和挑战，需要不断调整自己来适应孩子的需要；另一方面也是一种满足，因为在这个小生命眼中，自己就是他的全世界。

我曾经和一位在事业上很成功的父亲谈话，在别人眼中，他是个能干且独立的男人，在和他人建立关系时，他总会保持"合适"的距离。我之所以要在"合适"两个字上加引号，是因为他从小的成长经历就是不断被要求独立，而不允许依赖别人，在亲密关系中他也有很强的不安全感。有一天，他和上中学的儿子发生了一点小冲突，当时孩子赌气说："你别想甩了我，这辈子我赖定你了！"虽然是一句很孩子气的话，但这位父亲却突然间觉得非常安心，这种稳定而不会丧失的关系让他感受到前所未有的踏实。从中我们不难看到，一方面是孩子在依赖着父母，需要父母的养育；另一方面也是父母在情感上依赖着孩子。这份情感的联结对双方来说都非常重要。

在大部分情况下，孩子慢慢长大，他们开始有自己独立的思想，尤其是进入青春期之后，他们更加强调自己的独立性，珍惜自己的个性。从现实层面上看，有些上中学的孩子会选择住校，甚至有些孩子在中学时就出国求学，离开了父母和家庭的保护。其实这时候父母和孩子的情感联结并不是断裂了，而是需要调整方式。但对于有些家庭来说，这样的调整会因为双方心理上的一些特殊需求或特殊困难而变得非常不容易，甚至会影响家庭关系及孩子的成长。

## ● 父母对孩子的过度依赖和占用

我见到小乔的时候，他是一个刚上初中不久的男孩，第一眼看到他，他胖胖的身材给我留下了很深的印象。我并不是对身材的胖瘦有什么审美偏见，只是会比较关注青少年来访者的身材。因为身处青春期的孩子，对于自己的身体、外在形象通常比较敏感，如果一个青春期的孩子过胖，往往会反映出一些心理层面的困难。同时，青春期的孩子非常在意他人的评价及同伴关系，如果青少年过胖，很容易遭到伙伴的嘲笑、欺凌，会严重影响他们的自信心及同伴关系。

通过交流，我了解到小乔在学校里成绩不太理想，但最困扰他的问题是同伴关系。因为身体超重，他的体育运动能力较差，经常受到同学的排斥和欺负，而且他的行动比较莽撞，对自己的情绪和行为的控制力都偏弱，被同学欺负的时候，他有时会突然激烈地反击，已经多次对同学造成身体伤害，惹了很多麻烦。而当我和小乔交流时，慢慢感受到他内心似乎充满了冲突和困惑，他仿佛一只被囚禁的小动物，在激烈地四处冲撞，茫然而绝望地想找到出路。

通过和小乔的父母沟通，我对小乔及他的家庭有了更深的了解。小乔的父亲是一位非常成功的商人，有自己的公司，公司现在已经进入了稳定发展阶段，经济收入很可观。但小乔的父亲是一位非常霸道而固执的人，虽然他并没有在家里打骂过妻子和孩子，但在精神层面上他是非常暴力的，在家里几乎是说一不二的"统治者"。而且小乔的父亲经常在外忙碌，频繁出国出差，经常十天半月才回一次家。

小乔的母亲长得非常漂亮，她似乎在潜意识里一直期待完全依赖他人，而没有办法为自己的生活做主。小乔的母亲结婚很早，结婚之后就没再工作，经济上完全依赖丈夫。但在精神和情感上，小乔的母亲并不能从丈夫那里得到支持和理解，她自己也没有丰富的人际关系或爱好。某种程度上，她被困在了自己的房子里，没有寄托，也没有出路。

小乔和母亲的亲子关系并不好，一方面母亲觉得自己非常孤独，需要儿子小乔一直在身边；但另一方面，母亲在情感上是忽略小乔的，她很难关心和支持孩子的内心感受。他们两个人的关系似乎不是母子，而是两个同样被困在华丽笼子中的小动物，无法彼此支持，都找不到生活的出路。

其实小乔很小的时候，就已经表现出很多情绪和人际关系上的困难，但小时候他比较顺从，和老师、父母的冲突较少，学习成绩虽然不是很优秀，但也能跟上学校的正常进度，因此并没表现出太多问题。进入初中后，面对青春期的很多挑战，小乔身上的种种问题开始凸显出来，但小乔的父母一开始没有给予足够的重视。

恰好在这个阶段，小乔的母亲突然希望孩子能去国外读书，而且是越早出国越好。从她内心深处，她其实想陪儿子一起出国，从而让自己逃离这个家庭，也逃离自己冷漠的丈夫。

但是小乔并不想出国，他不想离开自己已经熟悉的环境。出国这件事很快就激活了孩子与父母之间，尤其是和母亲之间的激烈冲突，并引发了小乔积压已久的问题。

小乔的父母并没有将孩子视为一个独立的个体，他们和孩子的相处，就好像孩子是自己的一部分，是自己的附属品。表面上看，出国留学意味着"远离"和"分离"；但实质上，是孩子的母亲完全依赖于孩子，希望通过孩子来摆脱自己的生活困境。

由此我对小乔的身材就有了更深的理解。他的身体就像一个被过度使用的容器，里面容纳了很多自己的负面情绪，也容纳了很多来自母亲的压力和负面情绪。对于青春期的少男少女来说，健康、匀称的身体，可以帮助他们参与竞争，健康地展示出青春的美丽与魅力。小乔超重的身体和沉重的压力让他失去了青春期的自信与自我认同。他仿佛一艘过载的小船，上面承载着自己、母亲和整个家庭，在风雨中摇摇欲坠。

● **孩子不愿意独立与分离**

在分离这个主题上，有时候是父母很难接受孩子的独立，不愿意分离；有时候则是孩子拒绝独立和分离。这是因为青少年不仅有渴望独立的愿望，同时也有继续依赖的需求，这两个部分是同时存在的，独立与依赖的冲突和矛盾是青春期的重要主题。

我曾遇到一位母亲，她和丈夫的关系一直不好，在孩子进入初中之后他们离婚了。对于离婚，这位母亲感到很悲伤，但这是她深思熟虑之后的决定，离婚的过程虽然有很多挑战、很不容易，但她基本还能应对。但是她的女儿并不接受父母离婚这件事情，她竭力阻挠父母离婚，情绪表现得非常激烈，也因此影响了学习和生活。这让她的母亲非常焦虑和担心。作为母亲，她希望女儿可以走一条独立的道路，期待女儿今后可以生活得比自己更幸福，不希望女儿过于在意父母的婚姻。

但是通过讨论，这位母亲也慢慢发现，在过去的婚姻生活中，他们夫妻之间频繁争吵，忽略了女儿的情感需求，也严重损害了女儿内心的安全感。当决定离婚之后，这对父母内心都有一些难以承受的负面情绪及对女儿的愧疚感，因此并没有和女儿坦诚地交流离婚的决定。这让孩子一次次失去接受父母分离的心理准备机会。他们的家庭就像一座房子，一直以来地基都不够稳固，住在里面的孩子总是充满了不安全感，如果有一天孩子回家发现房子完全不存在了，其内心受到的冲击不难想象。

当理解了孩子内心真实的感受之后，这位母亲也对现阶段孩子的混乱、焦虑有了更多的耐心。她决定帮助孩子重新建立一个更加稳定的"房子"，修复孩子内心的安全感，和孩子一起完成对丧失的哀悼，从而帮助孩子在做好准备的基础上实现独立与分离。

● **家庭关系的结构对分离的阻碍**

在以上的讨论中，还有一个隐藏的话题，就是关于家庭的三角结构对于孩子分离的阻碍。我们在临床工作中常常强调：父母在家里是紧密的连接体，是整个家庭关系的基础，是陪伴终身的伴侣，而孩子作为家庭关系三角形的第三个点，和家庭关系的距离是需要不断变化和调整的，是灵活的。如果父亲过度疏离，或者父母的连接体不稳定，就会对孩子在家庭关系中的灵活性造成很大的影响。

对此，我会想起一个场景，当时有一家三口正在我们机构的等候区等待接下来与我预约的咨询，他们是因为已经在读高中的儿子出现了情绪和人际关系问题前来咨询的。这个男孩是一个敏感而内向的孩子，学习成绩优异。但在进入高中后，他经常觉得自己有强烈的焦虑和恐惧，而且说不清楚原因。他与同学的关系表面上很和谐，其实他并没有亲密的朋友，常常觉得自己很孤独。

我在等候区中看到，孩子的母亲将头靠在儿子肩上，孩子也很自然地靠着母亲，而孩子的父亲则坐在远离母子俩的一个单人沙发上看手机。这也许是很多青少年家庭关系的典型代表：母亲与孩子过度紧密，无法维持关系的界限，也不能接受分离；而父亲则被家庭排斥在外；孩子处在一个错误的位置上，从而偏离了自己本身的发展轨迹。这种家庭关系模式会给青少年本就混乱的内心带来更多的迷茫和困惑。

## 反思空间

请想象这样一个场景：当你的孩子已经大学毕业，有他自己独立的职业、人际关系，住在他自己的房子里独立生活，这时候你的日常生活是怎样的呢？

（1）你和丈夫（或妻子）的周末将怎样度过？

（2）除了家人，你还可以和哪些朋友一起外出旅行？

（3）这时候你在职业发展上有没有自己新的规划？

（4）除了职业和家庭生活之外，你有没有什么兴趣爱好，可以让你投入时间和精力？

第三部分
THREE | **育婴室里的绿意**

# 19

# 共生空间，迷之诱惑

我们在前文中讨论了父母内在的心理空间对孩子成长的影响，以及对亲子关系的影响。为什么很多父母虽然从理智上知道应该怎样教育孩子，但真正和孩子相处时却很难控制自己的情绪、调整自己的行为呢？这是因为在我们的潜意识中，挤压了很多没有解决的冲突和困境，影响了我们养育孩子的行为。

前文比喻说，父母养育孩子，就像在一套属于整个家庭的大房子，给孩子布置一个属于他的小房间，只有父母整理好了这套大房子、整理好了自己的内在空间，妥善地处理好自己内心的冲突和矛盾，才有可能为孩子准备好一个适合孩子成长的"空间"。

那么，父母怎样才能帮助自己成长，改善自己的内在空间呢？这正是本书接下来要聚焦的问题：作为父母，也是作为一个独立的成年人，可以怎样获得令自己更满意的生活。

这一部分的讨论，仍以个体发展的时间轴为基本参考，但这里的个体是指我们自身，把发展的立足点放在我们自己身上。

我们先从关系发展的起点——"共生关系"开始讨论。

前文提到过，"共生关系"是指婴儿出生后最初阶段，他会完全地占据母亲，需要母亲的全情关注，仿佛母亲和孩子是融合在一起的整体。这种关系模式对婴儿是非常重要的。如果孩子在这个阶段没有得到安全、稳定的照顾和足够的关注，则会对他以后的亲密关系、亲子关系甚至所有的人际关系产生严重的负面影响。

我最初见到小黎的母亲，是因为小黎出现了各种发展困境。小黎是一个小学五年级的男孩，在班里，他总是那个惹麻烦的孩子，和老师、同学的冲突不断。他似乎很难理解人际交往中的策略和方法，一旦和同学有矛盾，就会情绪崩溃或打架解决。小黎在学习上也很难跟上正常的进度。在兴趣爱好、体育技能方面，他似乎也比其他孩子的发展要慢很多。总之，小黎在各方面都比同龄孩子发展滞后，但是医生检查发现，他并没有严重的生理问题，因此建议这个孩子和父母寻求心理辅导。

我了解到，小黎和他母亲间的关系过度紧密，而父亲与他们非常疏离，在情感中严重缺位。小黎的母亲对于心理咨询师介入自己的家庭非常警惕，刚开始时，我能感受到她的排斥和不信任。但随着时间的推移，小黎母亲的故事也在我的面前逐步呈现出来。

小黎母亲从怀孕开始就辞去了工作，孩子出生后，她一心扑在儿子身上，也一直和孩子睡。其实从很早之前，她就感觉丈夫可能有婚外情，她虽然对此感到很愤怒，却不知道该怎么办。

但我们也看到，一方面母亲将全部心思都放在了儿子身上，另一方面儿子的成长和发展却是严重受阻的。在过去很长时间里，这个家庭都默认小黎是一个发展迟滞的孩子。但这个结论是家庭自己得出来的，并没有经过医学的严格检查和诊断。

### ● 母亲对孩子的过度依赖和占用

通过深入的交流，我发现小黎的母亲在和他人的亲密关系中一直存在困难，而回顾她的成长过程，则充满了分离、抛弃等主题。她大约五个月的时候，就被父母送到了祖父母那里寄养，之后的 15 年时间里，她几经辗转，被寄养在不同的亲戚家。这段经历让她感觉自己就像水上的浮萍，从来没有一个真正可以让她扎根的地方。

因为小黎母亲经常变换寄养家庭，也就经常转学，这使她难以和同学或老师建立稳定的关系。而当她成年之后，也从来没有亲密、稳定的关系。她和丈夫是通过朋友介绍认识的，夫妻之间并没有多深厚的情感基础，也只是从现实的角度考虑，觉得两人还算合适，也就结婚了。

儿子的出生让小黎的母亲似乎突然发现了自己一直渴望的

东西——和一个人完完全全地在一起。这个婴儿是完全属于自己的，永远不会害怕分离。所以对于小黎的母亲来说，"不允许这个孩子和自己分开，再也不要体验分离的痛苦了"，这一点就变得可以理解了。

为了达到这个潜意识中的目的，在现实层面上，小黎的母亲一直和儿子睡在同一个房间；平时她也不鼓励孩子和其他人交往；对于夏令营之类的需要孩子长时间离开家的活动，母亲是绝对不会答应小黎参加的；甚至在学习走路这件事情上，母亲都以担心孩子摔伤为由，到孩子将近两岁的时候才让他下地走路。在精神层面上，小黎的母亲更是牢牢地黏着孩子。在她的感受中，这个孩子发育滞后，非常需要母亲的陪伴；但其实是母亲完全无法接受分离，沉浸在和儿子的共生关系中。

### ● 理解而非指责和教导

小黎和母亲之间的共生关系是这位母亲在自己的婴儿期就完全缺失的，而且在后来的成长过程中也从没有过亲密关系。因此，从理智上、逻辑上，小黎的母亲可能知道怎么做对孩子的发展是有利的，但从情感上、潜意识的动力上，她是无论如何无法放手的。

由于这种成长经历的影响，她的内在空间仿佛是一颗蛋，被很脆弱的蛋壳包裹着，任何冲击都可能打碎这个蛋壳，而这时她就会被"被抛弃""被拒绝"的绝望感、恐惧感完全淹没。小黎的母亲在处理人际关系时，非常害怕发生冲突，因为她心里总觉得如果自己和别人争吵、发生冲突，对方就会抛弃自己。我还观察到，小黎的母亲在和他人相处时自我价值感很低，她不断讨好别人，而这种做法又让她觉得压抑和愤怒。

在婚姻关系中，小黎的母亲感受到丈夫是一个情感比较淡漠、一心扑在事业上的男性。不要建立亲密关系、对他人没有任何希望和需求，似乎反而会让小黎的母亲感到安全，这就是我们熟悉的论调："不要有期望，就绝对不会有失望"。当丈夫有婚外恋的时候，她一方面的确很生气，但另一方面好像又觉得很安心，似乎这本来就是她预期中会发生的事情。

● **体验冲突，修正内在空间的关系模式**

小黎母亲的这些内在关系模式在心理咨询过程中逐渐呈现出来，也表现在了我和她的关系中。有一次，小黎的母亲梦到她买了一块蛋糕送给我。这成为一个极好的契机，在这个梦的自由联想中，她感受到希望讨好我，害怕我有一天会突然结束她的咨询。她的梦境中呈现出她对我的期待和渴望，立刻激活了她内心的恐惧和绝望。同时，她也慢慢体会到对我的愤怒，因为我没有让她的生活立刻得到转变，没有教授她最为有效的方法，似乎我在她心目中那个理想化的角色令她失望了。

有一次我要去外地参加一个培训，所以不得不暂停当周所有的咨询工作。但就在那一周，小黎的母亲突然心脏极不舒服、头晕，但去了医院并没有查出任何生理疾病。当我回到工作中之后，小黎的母亲突然想结束我们的咨询。那次咨询非常有挑战，也极有价值，小黎母亲在艰难的内心冲突之后，表达了对我暂停咨询去参加培训的愤怒和焦虑。她的心脏不适应当是惊恐发作的症状表现。她内心认定我不喜欢接受她的咨询，更喜欢去外地学习。她甚至想象这可能是一个谎言，我根本就没有去参加什么培训，只是不想见她。

经历了这些艰难而重要的治疗时刻，小黎的母亲对自己内心的恐惧、焦虑和绝望有了深入的理解和体验，仿佛那个小小的蛋壳被慢慢加固了，内在的空间也慢慢扩大了。她终于在咨询中体验到一种新的关系模式：有一段关系，里面会有期望和需要，也会有冲突和矛盾，虽然这段关系不完美、会分离，但这个关系依然可以让她体验到安全、支持与理解。

随着内在关系模式的修通，她开始对外在世界产生了兴趣。她去参加了一个有趣的读书会，慢慢认识了一些新的朋友；同时她也开始寻找一些兼职工作，尝试新的机会。改变最明显的是她与小黎的关系，她允许孩子有自己的独立空间，帮孩子找到一些课外活动，增加孩子和同龄人交往的机会。虽然她和丈夫的关系改善还不明显，但她对丈夫的抵触、排斥情绪在逐步缓解。

当一个成年人被卡在"共生关系"的主题中时，修通的过程通常是非常艰难的，因为他会在这个过程中充满恐惧、愤怒和绝望，感觉自己像一个孤独无助的孩子，突然被整个世界抛弃了。这一刻他也许会拼尽全力试图躲起来，或者奋力抓住什么，让自己不要掉进恐惧的深渊。

对于这种我有一个小小的策略供大家参考："对自己踩刹车"。就是让自己在情绪的惊涛骇浪中停住，不要被立刻卷走。我们需要试着问自己一个问题：我已经不是那个孤独无助的孩子了，真的还有谁可以随意抛弃我、让我绝望吗？能够按下这个暂停键真的很不容易，但正是这个"暂停"的时刻，有可能开启修通的过程。

简单来说，修通的过程需要包括以下内容：在一个基本安全和稳定的关系中，逐步允许自己体验到期望与失望，看到自己对"被抛弃""被拒绝"的深层恐惧与绝望，允许自己表达愤怒与失望，并逐渐接受真实关系的不完美。有时这一困难的修通也需要专业人员的介入与帮助，但这一点并不是必须的。

本书下面几章，将"反思空间"替换为"发展空间"，这也意味着我们作为独立的成年人，将尝试发展出更稳定、更强大、更丰富的内在空间。

## 发展空间

在做下面这个练习的时候，要尽可能选择一个安静的环境，让自己的思考和自己的情绪体验能够联系在一起。

（1）请描述一下自己期待中的亲密关系，要尽可能详细和具体，并慢慢试着思考为什么自己有这样的期待。

（2）请试着挑战一下自己，问自己一个问题：这个期待中的亲密关系在现实中是否真的存在？（这里说的现实是指广义的现实生活，并不是单指大家现在真实的生活，可能我们还没有得到这样的亲密关系，但我们也可以认真观察周围的人，如同事、朋友等，看看他们有没有获得这样的亲密关系。）试着和别人讨论一下自己的期待，也可以了解更多人对亲密关系的期待。

（3）如果最终发现，自己期待的亲密关系太过理想化，在现实中真的无法实现，那就试着做出调整，做一些减法，看看自己愿意降低期待、放弃这个理想化亲密关系中的哪些要素。做这个减法时请注意不要一下就否定亲密关系本身，不要一下就消极地认定这个世界上根本不存在好的亲密关系，而是一步步、一点点地做减法，让自己的期待更加合理化一些就可以了。

（4）调整了自己的期待之后，你的情绪体验是怎样的？

20

# 自恋空间，空无一人

本书的这一部分讲述父母来访者是怎样在心理咨询师的帮助下逐步发展和成长的。一方面，作为一名专业的心理咨询师，我当然相信心理咨询是很有价值、可以帮助他人的；但另一方面，我并不认为接受心理咨询是心理成长的唯一路径。我以心理咨询的进程作为线索，更希望大家能够认识、体验到这一类主题在心理成长中可能的方向和路径，成为大家自我发展的一个有价值的参考。

在第 14 章中，我们讨论了一个主题：如果父母在自恋方面受损，会对亲子关系产生很大的破坏，也会严重影响孩子的发展和成长。本章我们将更深入地讨论这个主题。

父母的自恋困境会通过显性和隐性两种方式对孩子产生影响。显性的方式，就像在亲子关系的空间中到处都充满了父母自恋的氛围，孩子在这个空间中没有容身之地；而隐性的方式，则像一个表面上看起来很自然、很正常的房间，但这个房间里好像弥漫着一种特殊的气味，所有人都闻得到，都觉得很痛苦，却没有办法用语言来描述，更没有办法表达自己真实的感受。有时这种隐性的方式表明这个家庭有一些不愿意谈论的秘密。

## ● 显性与隐性的自恋

我曾经见过一对母子，母亲是一位装扮非常精致的高挑女性，她的每一个姿势似乎都是经过刻意修饰的；儿子是一名高中生，戴着厚镜片的眼镜，走路的姿势给人一种跌跌撞撞的感觉，似乎是一个动作协调性很差的小孩，让人有些担心他会撞到自己或碰碎其他东西。这对母子走路姿势的反差很强烈，让我印象非常深刻。

当谈话开始的时候，这位母亲就不停地抱怨和指责，似乎儿子的各方面都让她无法接受、让她感到羞耻。更令我震惊的是，她在我面前当着儿子的面耻笑儿子走路的姿势，仿佛他是一个供人娱乐的小丑。这让我觉得痛苦和压抑，不得不打断这位母亲，因为我很担心她的儿子在这种氛围中的感受。而此时我看到她的儿子表情非常冷漠，仿佛这个房间里发生的一切都和自己无关。

当我单独与这个年轻人交流的时候，我请他描述一下他的家庭，他用平淡的口气说："父亲总是在忙吧，好像不怎么能看到他。我妈妈最关心的是她的点心和咖啡，家里有一个很大的空间是给她做甜点和咖啡的。我下楼的时候，看到的总是她的背影，空气里都是咖啡和黄油的气味。"在这个年轻人平静的口吻中，我却感受到深深的悲伤和愤怒。在这个母亲的空间里，充满着那些她喜欢的东西，而她的儿子仿佛是角落里的影子，无足轻重，甚至被嫌弃。

上面这个例子中，母亲的自恋就是以显性的方式影响着孩子的发展，而接下来这个例子，则是一种非常隐秘的自恋方式。

这一次，我遇到的是一位父亲，刚接触的时候，会感觉他是一位温和、稳重的中年男性，似乎不是很容易亲近，但对人很谦和。当谈到孩子的困难时，他表达出自己的担忧和困惑，期待孩子能够得到帮助，有更好的发展。当问及孩子的母亲时，这位父亲告诉我，他们感情不合，已经离婚多年，更多的信息他不愿意多谈。

表面上看，这位父亲似乎很配合，但在很长的咨询过程中，我都能感觉到一种隐藏的不安，似乎有什么很重要的事情是我不知道的。终于有一天我了解到，这位男性与妻子分居多年，而他的妻子患有严重的精神疾病，长期住院治疗。这件事成了整个家庭的秘密，这位男性为此感到恐惧和羞耻。而当他看到孩子的一些激烈情绪时，就会联想到自己的妻子，他非常抗拒孩子的情绪表达，希望把孩子"扳回正轨"，而且从来不愿意试图理解孩子的感受和想法。在他的内心深处有一个想法："我已经有一个非常失败的婚姻，如果我再有一个失败的儿子，别人会怎么看我？我该怎么活？"

我曾形容自恋的人是把自己放在"玻璃泡泡"中的，在这个"玻璃泡泡"里面，维持着一种完美的状态：美好的事物、平静的生活。而真实生活中那些不完美的部分就被分裂出去了，并且被视为对这个"玻璃泡泡"的威胁。当我们讨论自恋人格的发展与修复时，面对的最大的困难就是要把那些被分裂出去的部分逐步整合到真实的内在空间中。比如要让那位母亲逐渐接受这个孩子也是家庭的一分子，是有价值的；比如要让这位父亲逐渐接受：妻子的精神疾病虽然令人痛苦，但这并不意味着自己的人生完全是失败的、没有价值的。不难想象，这样的尝试在很长时间里都会被当事人坚决地抗拒，因为这会严重威胁到他们一直维持着的自恋空间。

## ● 逐步接受真实的生活

在和这位父亲交流的时候，和他探索妻子的精神疾病非常困难。他否认这件事情对孩子的现状有影响，而且认为这件事情虽然令人遗憾，但似乎对他自己也没有什么影响。这就像在他的家里有一头大象，但所有人都说没有看到。毫无疑问，说没有看到不等于不会在心理空间中产生影响。

随着咨询的深入，这位父亲逐渐能够面对自己的情感与体验，开始尝试着表达妻子的疾病带给他的恐惧、羞耻和无助，他很担心别人如果知道自己的妻子住在精神病院，会怎么评价他本人。随着这样的探索，他也开始理解自己为什么无法接受儿子的负面情绪。其实一个青春期的孩子有各种负面情绪很正常，但由于恐惧感，父亲总是想把孩子的负面情绪立刻压制下去。

后来，这位父亲终于开始全面地思考妻子的疾病，比如在恋爱阶段，妻子有时会有过度强烈的情绪反应，但那时他只是采取忽略或简单安抚的方式，并没有尝试更深入地理解妻子。接着他开始更加深入地和妻子的主治医生交流，明白了妻子的疾病有其生理基础和神经病学的基础，并非因为他不是一个好丈夫，不能给妻子带来好的婚姻关系才导致的恶果。也就是说，这位父亲开始把生活中的挫折与自己的内在价值进行了区分：有些事情的确是自己当时没有能力做到、做好，而有些事情则可能完全不在自己的控制范围之内。

通过长时间的咨询沟通，这位父亲终于能够面对真实的生活、真实的自己，"真实"就意味着不完美、有挫败，但不完美不意味着完全的失败、一文不值。后来他还能够和儿子讨论这些家庭困难，在妻子状态较好的时候，带儿子去探望妻子。

回顾这位父亲的改变过程，转机就在于他终于有勇气和另外一个人谈论他妻子的真实情况，跨出这一步需要克服内心巨大的羞耻感，非常不容易。但这是一切改变的起点。接着这位父亲开始转换看问题的视角：以前他的视角很单一也很偏执，认为妻子的疾病是自己的失败，会被他人耻笑；而后来他明白了妻子的疾病并不完全是他能够控制的，更不能全部归咎于他自己。同时，他也开始接受自己本身的一些困难：比如自己在亲密关系中属于偏回避的类型，最初和妻子发生冲突的时候，都是采取逃避的态度等。他也做了一个重要的区分：妻子、孩子和他自己，是三个独立的个体，要尊重每个人的情感、需求和困境。

## ● 逐步看到真实的他人

"自恋空间，空无一人"的第二重含义是，严重自恋的人无法理解他人的感受、无法站在对方的立场上感受他人，因此也无法和其他人建立深入、亲密的关系。

比如嘲笑自己孩子走路姿势的那位母亲，她似乎完全无法想象自己的孩子会是什么感受，更不会产生心疼或愧疚的情绪。在现实生活中，我了解到这位母亲并没有真正意义上的好朋友，她会和朋友交流做甜点和咖啡的经验，也会和一些朋友逛街、聊天，但她从来不和别人交流自己的情感，似乎对他人的情感也没有太大的兴趣。在婚姻中，她和丈夫的关系也很疏离，两个人各忙各的事。

在长时间的咨询沟通中，我也感受到和这位母亲建立更亲近的关系，尝试让她理解他人的感受，尤其是儿子的感受，是很困难的。

但后来情况有了转机，有一天她丈夫从朋友那里带回来一只几个月大的小猫。之前在这个家里从来没有养过小动物，理由是小动物都很脏。当看到这只小猫时，这位母亲的第一反应也是要立刻拒绝，但那天她从儿子的眼睛里看到了一种渴望，她儿子非常喜欢这只小猫，于是她忍住了，虽然她不愿意承担照顾小猫的任何责任，但她没有立刻把小猫扔出家门。慢慢地，她也开始接触这只小猫，在抚养小猫这件事上开始和儿子有了共同话题。

也许是长时间咨询沟通的结果，也许是儿子的情绪困难和人际困难迫使这位母亲开始思考自己生活中的一些问题，也许是那只小猫激活了她内心对于温暖情感的需要，这位母亲的自恋空间仿佛终于裂开了一条缝隙，开始允许其他人在某些时刻进入其中。而这个改变最终带来了更深层的转变。

这位母亲在之后的咨询中开始尝试着表达更多真实的感受，她开始回想自己的成长经历，开始思考自己在人际关系中的恐惧、愤怒和失望，在她开始理解和体验自己的同时，也开始能够体验周围人的情感和情绪。这座自恋的城堡，终于变得允许别人进入了。

回到本章的标题，之所以说"自恋空间，空无一人"，是因为在这个自恋空间中，甚至容不下自恋者本人，因为在这个空间里，自身那些不完美的部分已经被分裂出去了。这个空间里只能容纳部分的自我，根本容纳不了其他人，也容纳不了真实的生活。因为真实的人、真实的生活，一定会有优点也有缺点，有成功也有失败。当这个自恋空间被那些不好的东西"污染"时，可能会引发自恋者极大的愤怒和羞耻感。

　　只有当我们能够不被愤怒和羞耻感淹没、能够逐步接受真实、完整的自己和真实的生活，继而才有可能在亲子关系中接受孩子的不完美，理解和接纳真实的孩子。这一改变历程往往困难重重，但最终会给整个家庭中的每个人带来更为真实幸福的体验。

## 发展空间

（1）首先请你描述一下自己是一个什么样的人。

（2）接下来请你选择一个和自己很亲密或对自己很有影响力的人，描述一下他是一个什么样的人。

（3）将你的描述讲给一个你信任的人听，看他对你的描述有怎样的体验？这个描述是能够让他的头脑中出现一个立体的、鲜活的人，还是只能有一个模糊的、片面的印象？这个描述是否能够涵盖这个人的优缺点或特点？你能够用具体的例子来证明自己的描述和判断吗？

（4）如果你暂时还没有办法描述出一个立体、鲜活的人，不妨尝试在和他人的交流中观察一下，看别人都是怎样理解、认识他人的。

# 21

# 在职场中争夺"王位"

在本书的第 13 章中提到了"家庭中的王位"这一主题，并分析了家庭暴力的破坏力及其心理成因，本章我们将更深入地对这个主题进行探索。

志强是一个高中一年级的男孩，已经休学在家大半年，家人尝试了很多办法都没能让他回到学校，因此希望我能够提供一些帮助。我看到志强的时候，他身材很胖、行动缓慢、性格很内向，在交流时几乎不愿意与我有任何眼神接触，表现得很难和人建立信任关系，对周围的环境显得很敏感、警觉。

当我和志强的父母沟通的时候，我能感觉到一种不协调。他们都对孩子的现状很担心，也很配合咨询工作，但是当我谈到家庭关系的时候，他们总让我觉得很空洞，没有办法真正理解在这个家里究竟发生了什么。

过了一段时间，志强对我逐渐建立了信任之后，终于告诉我他的父亲长时间家暴他和妈妈。这个事实令我心痛，我做的第一个干预就是再三和志强确认，他现在是否还处于被家暴的威胁当中，因为这涉及我是否需要启动危机干预流程，确保未成年人的基本安全。而志强告诉我，自从他出现严重的情绪问题休学在家之后，父亲似乎有了一些反省，已经没在家里动手了，但是言语的暴力依然存在。这让我感觉到这位父亲似乎还是有沟通的可能性和改变的机会。

针对这种复杂的家庭关系和严重的家庭矛盾，我邀请了其他咨询师与我共同帮助这个家庭，另一位咨询师主要与父亲单独沟通。

### ● 靠近和共情施暴者

从伦理道德的角度，包括从法律的角度来说，"家庭暴力"当然是不对的，应该被制止的；但从心理疗助的角度，我们期待的是这个家庭中的每个人都能够获得发展和改变，进而从根本上结束暴力行为。

与志强的父亲建立关系是很有挑战性的，如果让他感觉到自己被指责，很可能会引起他对咨询师和家人的敌对情绪，他可能会离开咨询室，使咨询进程中断，甚至有可能结束志强的咨询。考虑到志强说自从自己出现严重问题后，父亲开始反思并停止了家暴行为，表明这位父亲虽然有暴力和攻击行为，但他对儿子是有情感的，也希望儿子能够变得更好，摆脱困境。因此我从"情感联结"开始，让这位父亲感受到自己内心的这部分情感，不断肯定这份情感的价值和意义。

如果有人经历了创伤，你有可能共情到他的困境吗？如果有人被伤害，非常悲伤，你有可能共情到他的痛苦吗？我想大家会认为这并不困难；但如果有人攻击、伤害他人，你能共情到施暴者的困境吗？如果他伤害的是他的家人、他年幼的孩子，你能共情到他的痛苦吗？我想，这个问题很难回答。

其实在每一个施暴者的内心深处都隐藏着一个非常惊恐、绝望的"小孩"。他很无助，也很脆弱，似乎攻击别人成了他解决困难的唯一途径。如果身边的人令自己不满意、令自己失望，他就要用暴力使其纠正过来，这样自己才感到对生活有控制感。这种心理背后，隐藏着对挫败深深的恐惧。

随着对志强父亲的深入了解，我们也慢慢看到他内心那个"小孩"的存在，他从小被自己的父亲打骂，而软弱的母亲完全不能保护他，甚至有时会变成暴力的同谋。除了承受身体和精神上的暴力，他在情感上也长期处于被父母忽视的状态，他常常感觉自己在家里是一个透明人，这些童年的经历让他非常痛苦。在内心深处，他是一个非常孤独、绝望的"小孩"，无法感觉到自己存在的价值，整天活在紧张和惊恐之中。

## ● 探索在职场中无法表达的攻击性

志强的父亲虽然外在已经变成了一个成年男性，但是他的内心依然是一个恐惧、绝望的"小孩"，而现在这个"小孩"的困难以不同的方式表现了出来。虽然志强的父亲经常会攻击家人，借此显示他在这个家庭空间里是有权力的、有力量的，但是他内心那种绝望和恐惧始终都存在，因此他在家庭之外的职业空间中，其实是一个性格懦弱的人。在职场中由于自己内心那个"小孩"的恐惧，他严重压抑了自己的攻击性。

在职场上他很少和别人直接竞争，很多人都想抢到手的一些重要项目，他会选择"让"给别人。其实他个人的专业能力很强，在单位里也得到了领导、同事的认可，只是在面对激烈的竞争时，他会不由自主地觉得自己不够好，觉得自己不如别人，甚至有时他会担心如果自己和别人抢机会，别人可能会攻击自己，让自己没有立足之处。

从心理学的角度看，人们在竞争空间里需要呈现出相应的攻击性，比如在体育竞技场上，如果没有相当的攻击性，没有"我一定要打败别人，赢得胜利"的决心，是没有办法占据一席之地的。而这里的"打败"已经将攻击性呈现得清清楚楚。为什么我们看到大人打孩子会上前制止，而看到拳击竞技会大声叫好？因为在职场上、在竞技场上，人们是在一定的规则约束下施展攻击性的，是在对手互相平等的前提下进行的，这是一种具有建设性的攻击性释放，在一定保护性的规则约束下，参赛者是以呈现个人的力量和技能为目标，而不是以碾压对方、伤害对方为目标的。

记得在一个电视剧中，有一位非常了不起的网球女将被称为"草地女王"，而这里的"王"与我们之前所分析的"家庭中的王位"是不一样的。家庭是一个讲情感的地方，是一个需要包容、支持和理解的地方，在家庭中固守自己的"王位"就意味着伤害。

志强的父亲受到童年经历的影响，在面对领导和同事的时候，他内在那个"小孩"的恐惧被激活了，在这个应该表现出攻击性的场合，反而不敢表现出攻击性。在职场中，志强的父亲是别人眼里的"老好人"。例如对那些出力不讨好的工作，其他同事可能会找一些理由或借口拒绝，但是志强的父亲总觉得很难拒绝领导分配的工作。在和领导的关系中，他下意识地复制自己和父亲的关系，所以他内心充满了恐惧感，只能服从，不敢抗拒。

和同事的关系也让他感到焦虑、紧张，他会忍不住讨好别人，如果有人请他帮忙，即使是有些麻烦，甚至有时会让他付出很多时间和精力，他也总会答应。他内心深处有一个声音：如果我拒绝别人，惹别人生气，人家会不会在背后伤害我，我在这个单位会不会就没法干下去了。这种近乎偏执的恐惧感，让他没有办法在关系中建立合理的界限，保护自己的利益。

但在家里，因为能感受到一种安全感，知道自己不会被反击、不会被惩罚、不担心被抛弃，于是他将自己的攻击性以暴力的方式全部发泄在家里，给家人造成了很深的伤害。

## ● 攻击性的发展与转向

随着对自己的深入理解，志强的父亲开始尝试着改变自己在职场上的做法。后来，他公司有一个重要的工作岗位竞聘，他很希望能获得这次机会。在下决心参与竞聘之前，他几乎彻夜未眠，心里非常紧张和焦虑，但最终他还是认真准备了竞聘资料，并且在提交之后，主动和自己的直接主管交流了自己的意愿。令他惊喜的是，这位主管很支持他的选择，还为他的竞聘提供了很多实质性帮助，最终让他得到了那个岗位的工作机会。这次体验对他非常重要，他开始意识到自己其实是被他人尊重和支持的，他的攻击性是可以用更有建设性的方式表达出来的，并且会得到很好的结果。

随着志强的父亲在职场中找到了自己的自尊、力量感和地位，他变得更加开放和自信，以前在工作中他常常感到非常疲惫和压抑，现在这些负面的感受越来越少了。随着情绪的好转，志强的父亲在家里也变得更加温暖，能够支持和理解他人，他和儿子的关系也有了非常明显的改善。

父子关系的明显改善是从陪儿子健身开始的。志强体型肥胖、动作缓慢，和同龄人在一起时非常自卑。志强的父亲决心帮助儿子减肥，一开始他们只是一同散步。由于他们父子关系长期紧张，一同散步的时候，志强会故意减慢速度，跟在父亲身后，距离父亲至少有两三米。在决定和儿子散步之前，父亲心里是有些兴奋的，他觉得自己终于可以帮助儿子了，看到儿子拖拖拉拉跟在自己身后那么远，这位父亲第一次深深体验到悲伤和悔恨。他在儿子身上看到了自己小时候的影子。晚上回到家，他躲在阳台上抽了很多烟，也流了很多眼泪，他终于明白自己对孩子造成了多么深的伤害，也终于下定决心要做一个和自己的父亲不一样的父亲。

从那天之后，他找各种机会和儿子沟通，和儿子一起去做很多适合男人做的事情，他们一起锻炼，后来还一起去报名了一个拳击健身班。也就是说，从这时候开始，父亲带着儿子，把攻击性释放在了更有建设性的地方。

通过本章我们可以理解，在家庭中并非不能有攻击性，而是应该将攻击性用来为家庭提供保护和支持，用来在关系中建立恰当的界限。在家庭中使用暴力、维护所谓的"王权"，其实是对攻击性的滥用，是将自身的脆弱、无助投射在家人身上，希望通过攻击弱者来感知自己的力量和存在感。

作为成年人，我们更需要将攻击性转移到职场中，维护自己在职场上的尊严，保持自己在职业关系中的边界，积极地参与到职场竞争中，获得成就感与相应的地位，这才是对攻击性最有建设性的投注。

## 发展空间

请你回忆一下自己最近三年的职业发展，试着思考以下问题。

（1）请你体验一下自己此刻的情绪感受，是感受到沮丧、疲惫、压抑，还是能够体验到一些成就感和兴奋感？

（2）在近三年的职业发展中，你有怎样的收获？请从多个角度思考这个问题，包括经济收入、技能提升、人际关系、自我拓展等。

（3）你认为自己在职业发展中最大的困难是什么？

请你再思考一下未来三年自己的职业发展，也试着回答两个问题。

（1）体验一下自己此刻的情绪感受。

（2）你对自己未来职业的发展有没有明确的目标？有没有达成目标的具体措施？

在思考以上问题的时候，请大家从"攻击性"这个角度分析一下自己，看有没有一些新的理解。

# 22

## 秘密阁楼，隐藏与拒绝

有一次我带领一个团体举行体验活动，其中有一个环节叫作"时光帽"，就是在场的每个人想象自己有一顶魔法时光帽，可以带自己穿越到自己十八岁之前的任何一个时刻，那么自己想回到过往的哪个时刻。这个活动让在场的成员非常兴奋，有的人想回到十七八岁，再次感受青春年华，看看自己的初恋爱人；有的人想回到幼儿园的时候，可以放心游戏，不用承担任何责任。但有一位成员却拒绝参与这个活动，当请他分享自己的感受时，他平静地说："我不想回到十八岁之前了，因为那时我只能依赖于别人。"这句话听上去平平淡淡，却让热闹的现场立刻沉静了下去。

后来有机会和这位成员有更多的交流，原来他自从十八岁考进了外地的大学，就完全实现了经济独立，之后的发展也是独立的。而他在所有的关系中，与朋友、恋人、同事相处，都奉行"独立原则"，很少求助于他人，更不会依赖于任何人。不难想象，这样决绝的"独立"背后一定隐藏着深深的失望、孤独和挫败。每当谈到"脆弱与依赖"的话题，我总是不由自主地会想起这个故事。从出生到成年，每个孩子都必须依赖自己的养育者。如果我们足够幸运，遇到足够好的照顾者，我们就能够顺利、健康地成长；但如果我们不够幸运，在成长过程中经常被拒绝、被忽略甚至被严重地攻击，则会在心里体会到"脆弱和依赖"带来的痛苦。

无法接受亲密关系、无法面对内心脆弱的父母，会在亲密关系、亲子关系中拒绝亲密、否认自己的脆弱。在他们的内心深处，也许会有一个声音：如果我不再脆弱，如果我不依赖任何人，就不会体会到曾经的痛苦。

如果一个孩子的脆弱始终无法被养育者理解和接纳，无法得到亲密的接触和支持，那么这个孩子就会将自己内心很多真实的体验、最为脆弱的部分全部隐藏起来，我将此比喻为"秘密阁楼"。电影里有很多类似的场景，一个小孩有一个属于自己的小树屋，或一个小阁楼房间，当他感到痛苦和无助的时候，就藏进那里，独自面对这些非常困难的情感，也将自己和他人远远隔开。

当这个孩子长大之后，他依然会一直"带"着这个"秘密阁楼"。在这个小小的空间里，隐藏着他内心的脆弱、痛苦，以及想和他人靠近的渴望。但为了避免再次感受被拒绝、被忽略的痛苦，他把"秘密阁楼"的门紧紧锁起来，不会向任何人开放。

如果在一个家庭里，父母中也有这样的"秘密阁楼"，当他们在孩子身上看到那些类似的脆弱与渴望时，就会引起内心的焦虑，他们会一次次躲进自己的"小阁楼"里，在孩子最需要被拥抱、被支持的时候用忽略、拒绝甚至攻击将自己的孩子锁在门外。这个"秘密阁楼"紧闭的房门，让孩子体验到了父母与自己之间遥远的距离，感到自己被孤零零地留在了外面。

● **一扇扇紧闭的房门**

晓琳就是这样一个被拒绝的孩子，我见到她的时候她在读初中二年级，是个内向、羞涩的少女，从她身上很难看到同龄孩子的朝气。她最大的困难就是同伴关系，她几乎没有一个同龄的好朋友。而因为她的退缩和孤独，在学校里成了一个小团伙霸凌的对象，经常被欺负和攻击。所幸有一位细心的老师发现了这种情况，校方和家长都希望能够为她提供更多的支持和保护。

晓琳告诉我，在她的记忆中，很少记得爸爸妈妈很亲密地拥抱过自己，也没有看到过父母之间有任何亲密的举动。她形容家就是一个冷冰冰的地方，爸爸妈妈似乎都有自己的心事。每天吃完饭，家里每个人都各回各的房间忙自己的事情，有时她听到爸爸妈妈关房门的声音，会觉得好像被针扎了一样，心里会猛地跳一下。

这个家庭中的氛围，也让我们更容易理解，为什么晓琳被校园霸凌，是老师先发现了问题，而不是她的父母。这也是很多类似事件呈现出来的共性，那些遭到校园霸凌的孩子，很多都是在家庭中被严重忽视，因此父母没能及时发现孩子在身体、情绪、同伴关系中的很多问题。所幸晓琳的父母在得知女儿的困境后，内心的感受非常复杂，也很想尽力帮助女儿，因此他们很积极地配合了心理治疗。

　　我第一次见到晓琳的父母时，就感觉这对夫妻的关系有很多的困难。他们虽然是一对"好人"，在普通的人际关系中，对人和善有礼，但在内心深处，他们都将自己隐藏、保护起来，和他人保持着遥远的距离。

　　我请他们描述一下自己的家庭关系，他们都会用一些非常空洞的语句："我们的关系蛮好的，很少有冲突""我想我们和别人家都是一样的吧"。但是他们会无形之中将"距离"带进房间，他们彼此之间很难靠近，而我作为一个陌生人，也很难靠近他们。看到他们将自己"小阁楼"的"房门"紧闭，我内心其实有一种无望感，觉得没有什么能够改变这一切，我猜想晓琳内心也会是我这种的感受，她无论如何都无法敲开父母的心门，无法靠近他们。

## ● 无意间敲开了一扇门

而事情的转机，让我有些意外。在一次谈话中，讲到了孩子的生日，由着这个话题，我询问他们的家庭是怎么庆祝生日、怎么过节的。在家庭关系中，某些特殊的时刻、特定的空间形式，往往可以反映出家庭关系的深层动力。

在这次谈话中，丈夫似乎有了一些细微的改变，他提到自己刚结婚不久时曾给妻子送过一件生日礼物，但是妻子看到礼物只是说了一句："以后别买了，多费钱。"谈起这件十几年前的事情，丈夫一改每次谈话中的平静，带着明显的失望和难过说："我其实很少给别人送礼物，就是怕送了礼物别人不喜欢、拒绝我。其实那一次我给妻子买礼物，是准备了蛮长时间的，没想到她终究是不喜欢。"

听了丈夫这段话，妻子愣在那里好一会儿，眼眶突然红了，她说："这个事情其实我记得，那件礼物蛮贵的。我丈夫当时收入不高，他父母家里又出了一点儿事情，还需要我们在经济上支持。我就是担心他压力大。"接着妻子开始回忆自己的过往经历，她在家里是一个被严重忽视的孩子，从小到大，没有人记得她的生日，更不会有礼物。"生日礼物"早已经从她的期许中被擦去了，所以当丈夫送自己礼物的时候，她心里其实很不安，担心自己配不上这件礼物，担心会给丈夫带来压力，更重要的是，她内心也隐隐地害怕如果日子过久了，丈夫或许会忘记自己的生日，那时自己会更加失望……所有这些复杂的感觉，让她表达出来的不是欣喜和快乐，而是冷漠和拒绝。

顺着妻子的话，丈夫也告诉我们，他在原本的家庭中也是被忽略的。无论他多么听话、顺从，无论他的成绩多么优秀，似乎都没办法让父母"看到"自己。所以，他从来不愿意送给别人礼物，或者企图获得他人的赞许，因为他不想再次体会那种"永远不被看到"的痛苦。

## ● 走进隐秘的阁楼

听完他们的往事，我深受触动，突然想到这样一个场景：一个孩子张开双臂，带着满满的快乐和期待奔向自己的父母，他的内心是完全没有任何防备的，那个姿势本身就在表达：我信任你，我对你充满期待！如果孩子足够幸运，父母也用同样的姿势迎接他，那么每个人内心最柔软的部分就有了机会交托给对方。"拥抱"这个姿势本身，是将脊背对外，保护了自己，同时保护了对方；将身体最柔软的部分对内，将自己交托给对方，接受对方的保护，也接纳对方的柔软。

但有时我们并没有那么幸运，就像这对夫妻，丈夫送给妻子礼物，其实是寄托了自己的期待，也展露了自己的脆弱；当他感受到被拒绝的时候，他又缩回了自己的"小阁楼"。而妻子之所以拒绝丈夫的礼物，是因为她内心的恐惧与脆弱，也让她缩回了自己的"小阁楼"。对这段往事的回忆，终于让这对夫妻有机会看到彼此的脆弱与恐惧，也让彼此打开了内心的门，更靠近了对方，也允许对方的靠近。

这可能就是很多人家庭生活的代表，有时一件很不起眼的小事，就像那个"小阁楼"的门，某一刻鼓起勇气打开了一条小缝隙，却因为太多复杂的原因，"砰"的一声又关上了。

怎样才能珍惜那一刻的开放，让那个重要的时刻不被错过呢？我想到的是：好奇心！以晓琳的父母为例，在送生日礼物的那一刻，他们都被自己的恐惧和焦虑淹没了，以至于对对方完全失去了好奇心。试想：如果晓琳的母亲能够多一点好奇心，问问丈夫："这么贵重的礼物啊！选这个礼物的时候，你心里的想法是什么？你的期待是什么？"而晓琳的父亲如果多一点好奇心，问问自己的妻子："你看到这个礼物的感受是什么？你真的不喜欢这个礼物吗？还是有其他原因？"遗憾的是，曾经的创伤与恐惧，那个深藏于内心的声音："我是不被人喜欢的！"淹没了好奇心，让这对夫妻错过了那个重要的"相遇"时刻。

很多家庭在发生冲突与矛盾时，家庭里的每个成员往往都会陷在愤怒和失望的情绪中："他为什么不是我期待的样子！"而很少对对方有好奇与兴趣：他是一个什么样的人？那一刻他为什么会做这样的事情？那一刻他究竟在想什么？如果我们想要敲开对方的心门，很重要的一件事情就是要带着温和的、不带有侵入性的好奇心。同样，如果我们希望了解自己内心的"秘密阁楼"，想要知道里面都隐藏了什么，也要对自己持有这样的好奇心：我为什么会有这样一个"秘密阁楼"？里面都隐藏着什么？同时，我们还要问自己：我已经不是当初那个脆弱、无助的孩子了，我真的还需要这个"秘密阁楼"来保护自己吗？我是否可以拥有一种自由和灵活度，有选择地开放我的"小阁楼"？

## 发展空间

在很多人际关系冲突中，人们关注的往往是对错好坏、谁更应该改变自己的行为，而今天我们来尝试一个新的视角，从"好奇心"的角度来看看这些冲突。

首先，请你选择一个对你来说很重要也很亲密的人，想一想你们最近的一次冲突或矛盾，请你把关注点放到对方身上，然后回答下面的问题。

（1）当时对方的情绪感受是怎样的？

（2）是什么激起了对方的这些情绪和感受？

（3）那个激起对方情绪感受的事件，对于对方来说究竟意味着什么？

（4）如果你可以听到对方的内心独白，对方有可能说什么话？

如果大家有兴趣的话，可以试着更深入地思考以下问题。

（1）这件事情反映出对方性格里的什么特质？

（2）如果你了解这个人的过往经历，能否解释一下是哪些经历造就了对方性格里的这些特质？

在反思矛盾冲突的时候，尝试对另一个人保有好奇心，并不意味着我们要为对方说话，更不是建议你立刻原谅对方或否认自己。"好奇心"最大的价值就在于抛开对错好坏的评价，只是去看一看发生了什么。

# 23

# 在失控中探索新的空间

　　"控制"与"失控"这个主题贯穿养育孩子过程的始终。不得不说，父母与孩子的关系可能一直都是一场争夺战，有种观点认为父母要放手，但其实在这个争夺战中，父母单方面的放手是不够的。父母需要看到这个关系的另一面：孩子会锲而不舍地挑战父母的底线，这是孩子成长中不可或缺的一个环节。孩子在学习适应社会时，会不断探索界限和规则。通过设置界限和规则，让孩子碰壁、感受适度的挫折，并不会伤害孩子，反而会帮助孩子成长。但父母面临的困难在于如何掌握这个"控制"与"失控"的平衡点。

　　其实，如何掌握"控制"与"失控"的平衡点，也是贯穿我们每个人一生的人生课题。因为我们总是可以控制一些事情，也有很多事情无法控制，比如我可能在背包里一直放一把雨伞，但某天换了一个包，忘记了带伞，却偏巧遇到了暴雨；再比如我为了竞标的项目已经做了所有可能的准备，但依然可能成为一个全程的"陪跑"。

每个人都需要一定的控制感，这是我们的生活能够以一种稳定、可靠的方式继续下去的基石。就像蹒跚学步的孩子，他们一次次摔倒又爬起来，充满了乐趣和激情，他们在不断的练习和尝试中学习控制身体的能力。我曾经问一个玩过蹦极的人，了解那是一种怎样的体验，他说：就是完全的失控感！我想，可能正是那种失控感让人们对这类游戏望而却步。

失控会带给人焦虑感。我有一个朋友，他有很好的方向感，甚至把看地图当成日常消遣，因此他的头脑中对自己去过的地方都有比较好的位置认知。但有一次他到了一个陌生的城市，一时间没有辨明方向，他就觉得很难受，甚至有一些头晕、恶心，就像从游乐园的"欢乐大转盘"上刚刚下来时的感觉。

但我们永远不可能稳定地控制自己生活中的每一件事情，只能在"控制"与"失控"之间寻找一个平衡点。这句话听上去很简单，在现实生活中却可能变成一个非常复杂的问题。

我曾经遇到过一位母亲，她和女儿的冲突很大，冲突的原因就是母亲要控制女儿的所有事情，而女儿在奋力反抗。当我和这位母亲谈话时，她曾经的一段经历给我留下了很深的印象。她大学毕业留在了上海，在一家工厂里做技术工作，工厂里为单身职工提供宿舍和食堂，也有一些简单的休闲娱乐设施。她在这家工厂里工作了一两年，几乎没有去工厂以外的任何地方玩过、逛过。除了工作之外，她当时和同事的交流也不多。其他单身职工每逢休息日都会结伴出去玩，只有她总是独自一人留在宿舍。

我问她为什么这样做，她回答说："可能是害怕和自卑吧，那个城市太大了，我不知道的、不熟悉的东西太多了，我不知道怎么面对。"

这位女性的讲述在我的头脑中逐渐形成了一个画面：偌大的上海，里面有各色各样的人和事，各种有趣的活动；在这个城市里有一个工厂，背景灰暗、沉闷，里面有一个孤单的人影，她把自己囚禁在这些灰色的房子里，与丰富多彩的外面世界完全隔绝。这个画面将"控制与失控"这个主题非常形象地呈现了出来。过度追求控制感的人，他们的内在空间就仿佛是一个自我封闭的囚笼，对他们来说，那些不熟悉的、难以把控的事物代表着威胁和伤害，必须全部清理出去，不允许进入自己的安全空间。虽然他们内心也明白，新鲜的事物不一定全都是不好的，甚至有很多是很有价值的，但是他们无法承受"万一"，"万一我被伤害了呢""万一结果是很糟糕的呢"……

有一位女孩，她经常拿刀片伤害自己，我的督导老师对这种情况的分析是："她用刀片伤害自己，会让周围的人，包括咨询师产生很强烈的焦虑，担心自己的言行不符合她的预期就有可能导致她伤害自己，因此咨询师就不得不说一些她已经熟悉的，甚至只是她想听的话。如果是这样，这个咨询室里就不会有新的事情发生了。"

这段话是对于"绝对控制"行为的深度解析，一个被绝对控制的空间，其实就是一个已经死去的空间，不允许新的事物进入，不允许新的事情发生。而生命本身就代表着发展和变化。过度的控制，其实就是对生命力的扼杀。

我在和上文提到的那位母亲的交流中发现，导致她想控制所有事情的因素很多。她内心有很多不愿面对的部分：最难面对的是他人对自己的攻击和指责，此外还很难面对一些让自己感到羞耻的情境。同时我们也发现她因为害怕人际关系中的冲突和矛盾，很少和别人打交道，朋友也很少。

## ● 勇气只能来源于自己

怎样才能走出自我囚禁、绝对控制的内心"监狱"呢？不得不说，这会是一条相当有挑战性的道路。比如上述这位女性，随着对自己认识的加深，她也很期待自己能够有所突破，能够从"绝对控制"的囚笼里迈出去，但每当到了那个有挑战性的时刻，她又会退缩。就像让恐高的人尝试在高空玻璃栈道上行走一样，对他们来说，要承受住自己内心的恐惧而迈出那关键的一步，是非常有挑战性的。

就在这种纠结、困难的时候，她的大学同学组织了毕业二十年的纪念聚会。回想起自己的大学时光，她内心非常沮丧，那时她也总把自己封闭起来，无论是在宿舍、去教室学习、去食堂吃饭、去图书馆看书，她都是独来独往，没有朋友，没有恋人，也没有任何有趣的事情发生。对于这一次同学聚会，她内心也有向往，希望有一些自我突破；但她还是觉得自己在人群中很焦虑、紧张、无法应对。

经常有来访者对我说："我就是害怕，我就是恐惧，我没有办法迈出那一步！"不得不说，心理咨询可以有陪伴和支持，可以带来理解和反思，可以提供一些放松方法，但没有办法提供真正的勇气。最有勇气的那一步，只能依赖当事人自己，依赖其内心想要改变的动力和决心。

精神分析提出，人内心有"生本能与死本能"的冲突，生本能追求变化、发展与成长，死本能带来停滞、退缩及摧毁。这场"生"与"死"的较量，直接影响了一个人生命的走向：是退回自我囚禁的"牢笼"，还是直面外在世界的挑战。

在这个痛苦和纠结的过程中，那位女性突然很冲动地去买了一条红色连衣裙，说想在同学聚会时穿。但真到了那天，她只是穿了自己习惯了的暗色衣服。不过，虽然她那天没有像施魔法一样发生改变，但在同学聚会中，她和几位大学同学重新建立了联系，在聚会之后开始频繁地交流、见面。在她原本苍白、孤独的生活中，终于开始有了不一样的人和事。

## ● 人际关系带来的支持与突破

在鼓足勇气迈出了重要的一步——参加同学聚会并和几位同学建立了持久的联系之后，她又和同学一起去了国外旅行，这给她带来了一次全新的体验。

因为害怕陌生的环境、担心有意外的事情发生，这位女性很少外出旅行，而家人也受她的影响，很少在节假日出行。她这一次决定出去旅行，一是因为有朋友的支持和陪伴，二是她内心也想做出改变，尝试打开自己封闭的空间。在国外她遇到了很多意料之外的事情，也有一些时候非常尴尬，有时行程还不得不做临时调整，这些状况都是她以前无法面对的，但这次因为是几个人在一起，她感觉自己没有那么紧张和焦虑了。

而且这次旅行时，她终于穿上了那条红裙子，还和伙伴们一起去了酒吧，那是她生命中最让她兴奋的一次突破性体验。那一晚，她似乎真正成了生活的主人，拥有了真正的掌控权。

当她有了这么多新的生活体验之后，她的内在世界也开始了重要的整合与修通。

## ● 在过往创伤和此刻现实之间形成区分

在那次一起出游的同学中，有一位很善解人意的女同学，她们在旅途中分享了很多感受和体验，这些分享和交流就像一面镜子，让她看到了不一样的自己。有一次她们聊到了自己大一时的班主任，我们的主人公一直觉得那位老师很嫌弃自己，很多事情都在针对自己，她觉得是自己太不会做人，才会招来老师的厌烦。听完这些话，她的同学大吃一惊，告诉她很多她并不知道的事情：原来这位老师很缺乏师德，对待学生很刻薄，也做了很多不公正的事情，后来班级多位同学联名写信，将老师的问题反映到院系，换掉了那位老师。

听到这些信息，她先是愣住，接着大哭了一场。她的同学在安慰她之后告诉她，因为她一直都躲着大家，班级里很多事情她都不知道，那时并没有同学厌烦她，只是觉得她太严肃、很难接近，慢慢地大家就和她疏远了。

从这一刻，我们的女主人公才开始真正意识到自己的恐惧、焦虑和羞耻感并不完全是因为当下的现实事件，很大程度上其实是深藏在她内心的过往经历带给自己的。以前她认为自己是遭人嫌弃的，外面的世界充满威胁的，因此把自己和他人隔离开、和外在世界隔离开，严格控制自己的生活空间。而这就变成了她的内在预言，周围的人真的如她所料，和她保持着遥远的距离。

她开始做出调整，在过去的体验和当下的体验之间做了一个区分，在中间修了一个"隔离带"，不再让过去的创伤过分影响当下的判断和行动。最重要的是，当她在当下的生活中，比如和同学的交流中，体验到了不一样的感受，她开始逐渐修正自己曾经的创伤体验，逐渐建立对他人的基本信任。

从以上讨论中我们可以发现：过度追求控制感，其实源于内心复杂的恐惧。但是生活如果完全被控制，就无法发展和变化，就会成为一个死气沉沉的空间。如果能够迈出勇敢的一步，尝试找到一些有支持、有陪伴的人际关系，尝试理解自己内心恐惧的原因，将过往的经历、痛苦与当下的实际情境进行区分，以自己能够接受的方式开放自己的空间，慢慢地就会变得能够承受一定程度的失控。

## 发展空间

（1）首先请大家选一个安静的空间，让自己放松下来，接着把注意力完全放到自己的身体上。

（2）请你用左手紧紧地攥住自己的右手，尽可能地攥紧，一定要用尽全力。

（3）然后突然放开自己的右手，体验一下这种紧张和放松之间转换的感觉。

（4）请多次练习这个身体体验，记住自己的感受。

（5）接下来，请你列举你在生活中没有办法控制的十件事情。思考一下这些事情失控之后可能带来的后果，依照后果对自己影响的程度，将这十件事情从轻到重进行排序。

（6）如果这些事情真的发生了，请你思考一下自己的应对策略，发挥自己的想象力，找出尽可能多的应对方法。最好和朋友讨论一下，看看他们遇到类似的事情，可以有什么好方法来解决。

（7）在做这个练习的时候，如果你体验到焦虑，就回到最初那个身体练习中，体验紧张和放松反复交替的感受。

可能有人会想到死亡，不仅是自己的死亡，还有身边人的死亡。这会是很大的挑战，也希望大家能够认真想一想：死亡，对我们究竟意味着什么？

## 24

## **正确理解性，放飞生命力**

　　近些年随着人们意识的改变，在育儿课程、亲子关系课程或图书中，对于性心理发展的讨论越来越多，大家也开始对这个主题有了更多的意识和关注。

　　本章将通过一对夫妻的故事谈一谈成年人的性生活对个人的影响、对夫妻关系的影响，以及对亲子关系的影响。

　　这对夫妻是因为儿子的养育问题来找我做咨询的。他们的儿子刚上小学不久，在他们的描述中，这个孩子似乎总是在和他们作对，特别是进入小学之后，孩子在学习方面困难重重，和老师、同学的冲突不断。但是从我的角度看，这个家庭里存在一种很焦虑的氛围，为了防御或者说管理这种焦虑感，这对夫妻采取了很多高压策略，在亲子关系中激发了很多冲突和矛盾。

　　这对夫妻三十多岁。丈夫独立创业多年，是一家公司的老板；

妻子自孩子出生之后就辞职在家，做全职主妇。我看到这位丈夫衣着非常时尚、很有品位，还有一点点张扬；而他的妻子，虽然相貌甜美，但衣着就像一位乖巧的中学生：平滑、整齐的短发，暗色调的衣服，普通的运动鞋，没有化妆，没有饰品。

很明显，这对夫妻在性心理的成熟度、性魅力方面完全不匹配。这位妻子似乎还是一个未发育的女孩，完全没有将自己认同为一位成熟的女性。我当时就在想：是什么在压抑她？是什么在限制她的发展与成熟？

这位妻子的故事最初呈现在我面前时，几乎就是一段非常经典的"乖乖女养成记"。她是家里的独生女，一路被呵护着长大，学习努力、成绩优秀，没有太多的波折。她在大学里遇到了一位优秀的男同学，对方主动追求，两人平平顺顺地恋爱、结婚。听上去似乎只有这个不服从管教的儿子让她遭遇了人生的第一次挫折，而在此之前一切都是平静生活的范本。

但是随着了解的深入，我们还是看到了一些隐藏在背后的主题。这位女性的父母属于老来得女，因此一直对她呵护备至。女儿进入青春期开始发育和成熟后，他们似乎并没有放手，反而更加焦虑，把女儿保护得更紧。她的性发育、性成熟对她父母来说成了一种巨大的威胁，他们会严格审查女儿看的书；严格限制女儿的衣着风格；仔细了解、筛查女儿交往的朋友，尤其是班级里的男同学；高中阶段还将女儿送去女校读书。

她在大学里遇到了现在的丈夫，当时她清纯、温婉的性格深深地吸引了他，两个人恋爱、结婚，一切似乎都很顺利。但我通过和他们的交流得知，这位女性在婚姻和家庭中常常显得很焦虑，对很多事情的细节非常关注；而她的丈夫有些压抑和被控制的感觉，但因为整天忙于工作，在家里的时间并不多，也就不觉得是很大的问题。

## ● 性生活，隐秘的困境

从第一次见面，我就隐约猜到了这对夫妻的困难所在，同时我也感受到要触及这个话题，需要时间和耐心。随着我们彼此信任的加深，在一次谈话中，我终于决定开始探索这个问题："你们的性关系、夫妻生活怎么样？"当这个问题终于从我口中说出来的时候，咨询室里一片寂静。等这种尴尬、焦虑的氛围稍微缓和一些之后，还是由丈夫说出了他们之间的困难。和我预料的差不多，这对夫妻的性生活一直不和谐，妻子在夫妻生活的过程中表现得很被动、过度羞涩，尤其是有了孩子之后，对于性生活更加抗拒，这让他常常感到沮丧和挫败。

性，代表着每个人由内而外的生命力。弗洛伊德认为，人最根本的内在驱动力有两个：性与攻击。如果回到关于"空间"的讨论中，性会让我们每个人的内在空间、每个家庭的关系空间，成为"人的空间"，有了人的气息、人的温度、人的色泽，不再是冷冰冰的。

性，代表着生命力，同时性也在深层影响着我们对于自己的身体、性别、自我的认同和价值感；影响着自我空间与他人空间的界限与交流；影响着亲密关系的质量。

### ● 当下的压抑来自于曾经的创伤

从一开始接触，我就从这位女性身上感受到一种羞怯和退缩的气息，好像总是想找什么东西把自己挡起来，或者把自己藏进去。后来我们慢慢发现，她的内心很自卑、对自己很排斥，尤其是对于自己女性的身体有很强烈的排斥和抗拒感，总觉得好像这个身体有什么地方不对头，但又说不清楚是哪里不对；虽然她的五官长得很甜美，但她很少打扮自己，只是保持干净整齐就觉得够了；她很少去照镜子，甚至在逛商场时看到时髦或暴露的衣服都会觉得焦虑不安。

随着我们彼此信任的加深，这位女性终于讲出了自己曾经的创伤：她的父母在她青春期的时候，对她的管教非常严格。有一次她过生日，班里一个暗恋她的男生给她写了一封情书，还送给她一支口红。收到情书和礼物，她感到手足无措，但也有一些好奇和兴奋。

回到家里，她偷偷拿出口红试了试，感觉非常开心。

但最终这封情书和口红还是被她父母发现了，她清楚地记得，那一天她妈妈情绪崩溃，好像天塌了一样；她爸爸在情绪失控之下打了她一巴掌。当时她完全愣住了，因为从小到大，她都是被很小心地呵护着，父母从来都不会打她。接下来的事情让她更加崩溃，她的父母为这件事情去找了班主任，还找了那个男孩的父母，闹出很多冲突和矛盾。在那之后的很长时间，她都觉得自己神志恍惚，觉得自己整个世界好像都混乱了。

好在半年多之后，她就初中毕业了。高中阶段，她的父母为她选择了女校，似乎一切又恢复了平静与安宁，大家也没再提起过那件事。

没有提起，并不等于在心里不存在。也就是从那之后，她一直觉得性是很可怕的，觉得自己如果展现出女性的魅力，是一件不可原谅的事情。对于自己日渐成熟的身体，她感到深深的焦虑和羞耻。

● **改变的开端——体验和接纳自己的身体**

当这些往事被呈现出来，内心的冲突与矛盾也随之被呈现和整理。这位女性开始意识到父母对自己的伤害，意识到自己需要慢慢接纳自己的身体，接纳自己女性的身份。但因为她的性格比较理性、内敛，所以我建议她先接触一些与身体、身心理念相关的图书、讲座，从理性的层面上建立一些新的认知。这些理性信息让她更深地反思了自己成长的经历，以及父母对自己性发育、成熟的抗拒和压制。后来她进行了身心探索方面的治疗，真实地体验到对自己身体的厌恶、排斥，继而感受到内心的自卑和压抑，这给了她极大的冲击。治疗结束之后，她大哭了一场，为那个一直被压抑和拒绝的"小女孩"，也为那个一直被压抑和拒绝的女性而哭。

这次体验似乎突然为她的内心世界撞开了一扇门，她开始用不同的眼光看待自己的性别、自己的身体。接着她主动报名了一个瑜伽班，通过瑜伽她开始反观、感受自己的身体，而身体的运动和舒展，也让她长期以来的抑郁和焦虑情绪得到了改善。她在瑜伽班认识了一些新的朋友，在这些朋友的带动下，她开始接触以前从不接触的服饰，也开始学习化妆。这时候的她，仿佛一株一直被封印的花苞，打开了封印，慢慢舒展、开放。

## ● 性，为亲密关系注入活力

我观察到，妻子的改变让他们的夫妻关系开始有了新的活力。我看到当丈夫看着妻子时眼睛里有了新的光芒和激情。我感觉到探索夫妻关系、改善夫妻性生活的时机已经基本成熟。但基于妻子一直对性关系比较排斥和压抑，我们探索的步伐也是谨慎、温和的。这对年轻的夫妻开始寻求他人的帮助，帮助他们偶然照顾一下孩子，让自己有机会抛开家务，创造只属于两个人的浪漫时刻。

当对于自己的身体、夫妻间的性关系有了新的认识，妻子开始慢慢对这个领域开放空间，她会愿意和丈夫一起去看一些浪漫的爱情电影，也会试着和自己亲密的女性朋友交流彼此的隐私。而在这个过程中，丈夫也开始学会理解妻子，并且用妻子愿意接受和喜欢的方式进行性生活。身体的彼此探索、交流，促进了心灵深处的互动与沟通，也促进了两个人共同的发展与成熟。

终于有一天，当他们站在一起的时候，不再是一个成年男性带着一个羞涩的女中学生，而是一对成熟的男女平等地站在一起，充满魅力。

很有意思的是，我和这对夫妻的交流是因为他们孩子的困难而开始的，但整个过程中我们都很少提及孩子的事情，可是最后，他们告诉我，孩子的问题都已经解决了，孩子变得不再那么焦虑和难以沟通，整个家庭的氛围变得轻松而有活力，他们还重新装修了房子，换掉了很多旧家具。我相信这个举动本身，是有很深的象征意义的：新的生活，已经开始！

从这个家庭故事中我们看到，性是内心最原初的生命力；而性的发展会影响人的自我认同、自我体验；性的关系会影响整个家庭的关系。卧室是一个家庭的隐私所在，但是一个美好的、界限清晰的卧室，可以为整幢房子打上不一样的底色，充满活力和流动性。

## 发展空间

请认认真真地看一下自己的身体，试着感受一下。

（1）你喜欢自己的身体吗？最喜欢的部分是哪里？最不喜欢的
部分是哪里？

（2）平时，你会认真地保护、爱惜自己的身体吗？对此你会具
体做些什么？

（3）如果你平时很少关注自己的身体，很少照顾自己的身体，
是什么让你忽略了它？

（4）你认为自己的身体有性魅力吗？是什么在影响自己的性
魅力？

（5）如果可以选择做一件事情提高自己的性魅力，你可以试着
做什么？

# 25

# 足够好的成人空间

　　著名的精神分析学家、儿童治疗专家温尼科特提出了"足够好的母亲"这个概念，这里我借用一下"足够好"这个词，是想说这里所建立的空间并不是售楼处展示的近乎完美的样板房。我们反对追求完美，我更希望能够提供一些成人空间的要素供大家参考，这个空间有优点、有缺点、有个人特色，而最重要的是，这是一个有生命力、平衡、稳定而且灵活、开放的空间。

　　我们继续使用"房屋空间"这个比喻，那么"足够好的成人空间"应该具备哪些特点呢？

## ● 建立与外在环境清晰的界限和灵活的联系

　　首先，这个"房子"的"大门"是足够结实的，但同时，在主人愿意的时候，也可以对外界开放，与外界保持足够的联结。这就意味着一个成年人的内在空间是足够安全、稳定的，可以将那些会伤害自己或自己不愿意接受的事物坚定地拒绝在外，这也就是我们常说的：我们有足够的攻击性可以保护自己、保护家庭、保护孩子，与外界建立清晰的界限。

这让我想起一位女性的故事：这位女性从小生活在一个重男轻女思想很严重的大家族里，她有一个堂哥，因为是长孙，就成了整个家族里最受宠的孩子。她的父母也非常照顾这个堂哥，每次堂哥去她家玩，家里的饭菜就一定会非常丰盛，而平时她的父母很少舍得花钱买好吃的。在她 10 岁那个暑假的一天，堂哥去她家里，发现只有她一个人在家，就骚扰了她。事后她把这件事情告诉了父母，让她震惊且深受伤害的是，父母不但没有保护她，还斥责她不要乱讲话，担心这些事情如果被外人知道会让全家人丢脸。父母的反应让她仿佛掉进了冰窟中，全身僵硬、冰冷。从那以后，她只能在堂哥来家里时尽力避开。在这个充满创伤的故事中，这位女性的家庭完全无法为她提供安全与保护，只留下了伤害与耻辱。

在必要的时候，房子的大门要能够紧闭。同时这个房子的大门也是可以向外开放的。我这里所说的开放，包含两部分含义：首先，我们有比较稳定的人际关系，有一些可以信任的朋友、亲戚，允许他们靠近我们，愿意向他们开放自己，就像一个房间里有干净、开放的客厅，欢迎我们的朋友进入我们的空间，与我们交流、玩乐；

其次，我们要能够充分使用外部资源。当我的来访者谈到他们的困境时，我常常会问："当你这么艰难的时候，谁可以帮助你？你会不会找到一些资源帮到自己？"这里就包括了良好的人际关系及丰富的社会资源。

我的一个朋友将自己的父母从偏远的老家接到了自己工作的一线大城市，但她的父母完全无法适应城市的生活：不知道社区的物业管理可以提供哪些服务，不知道自动提款机如何使用，和周围的邻居完全搭不上话，无法应对大城市复杂的公共交通，等等。后来两位老人态度坚决地回了老家，那里的确没有大城市的繁华，但在那里他们有熟识的人聊天，生活中遇到困难也可以找到解决的办法。我们从中可以看到，作为成年人，如何利用周围的社会资源是非常重要的一件事情。

我还认识一个朋友，他长期参加一个由朋友们一起组织的足球队，平时为球队贡献了不少力量，他时常在微信群里组织线上小活动，活跃大家的生活。在球队里他也认识了各行各业的朋友，通过球队的日常交流，他也了解了很多理财信息、新的社区资源等。

● **建立温暖的内在空间，确保界限清晰**

在一个家庭中，房屋的厨房和餐厅代表着烟火气、放松、养育及生命力。我常常很关注一个人与食物之间的关系，比如我一个朋友的母亲，虽然她一直为家人做饭，但她从来没有在做饭过程中感受到任何乐趣，只觉得是巨大的压力和负担，是整个家庭对她的剥削。我这位朋友从小就是在母亲对做饭这件事情无尽的抱怨声中长大的，当她长大有了自己的房子和家庭后，她几乎从来都不走进厨房。和她一起吃饭，如果你问她想吃什么，她会回答："随便，我无所谓。"不难感受到，母亲的抱怨让她很难从和母亲的关系中体会到被爱的温暖和"烟火气"，也很难感受到信任和放松。

一个家庭的卧室、浴室和卫生间则代表着隐私的界限。我曾遇到过一位高中生女孩，她有一个小她两岁的弟弟，因为家庭生活条件限制，她不得不和弟弟睡在同一个房间，而他们的房间也紧贴着父母的房间，夜里如果需要去卫生间，都需要经过父母的卧室。在她的家里，"界限"的概念非常模糊，她弟弟去卫生间上厕所，甚至意识不到应该关门。这个女孩进入中学后开始感觉到莫名的焦虑和紧张，后来甚至影响到注意力和睡眠质量。我们从这个例子中可以看到，在一个家庭空间中，不仅要关注温暖、爱、保护和支持，也要关注家庭关系内部的界限。

在这个家庭故事中，如果从女孩父母的视角看，他们晚上睡觉的地方是子女随时都可能经过的地方，很难想象他们之间可以维持良好的性关系。在一所房子里，每一个小空间的相对独立和良好的隔离，维持了每一个空间可以充分地发挥作用；在一个成年人的内在空间里，良好的界限感是保护和维持生命力的保障。

## ● 寻找生活的乐趣

接下来让我们看看这个房间的其他地方：阳台、飘窗、书房……也许很多人会忽略这些小地方，但其实正是这些小地方承载了我们很多生活的乐趣。我曾经遇到过一位父亲，他因为儿子的困难来向我求助。多年前他和妻子离婚，独自养育儿子，但儿子在初中时出现了很多情绪问题，甚至无法正常上学。当我走进这个家庭的时候，我的第一反应是：这个家庭真是一个"纯男人"的家呀！我这句话并不带性别歧视，只是想表达在这个家庭里完全感受不到温润、精巧的气氛，坐在客厅里，房间里目之所及都是硬邦邦的，好像每一样东西都很实用，但是很难感受到生活的趣味。

而这个房间的氛围也反映出他们父子的生活质量和亲子关系。这位父亲从小就是学霸，也是体育健将，工作上对自己有很高的要求。他很看重效率，做任何选择最看重的就是实用。儿子曾经非常迷恋搭建乐高积木，但父亲认为这种事情就是在浪费时间，在一次争吵中还摔碎了孩子刚刚完成的一件作品。而这位父亲本人，即使下班回到家，也很少看电视或休闲娱乐，而是会继续投入工作。除了坚持每天长跑之外，他几乎没有其他兴趣爱好，而跑步也只是因为其有助于身体健康。

让生活变得有趣，真的是一门大学问。在这里分享一点我个人的生活见解，我是一个很喜欢看书的人，除了读一些与专业有关的书，阅读对我来说大部分时间是一种乐趣，没有任何实际的目的，我从来不愿意看的书就是教人应该怎么读书的书，认为这种书会破坏我读书的乐趣。

会玩很重要！成年人很需要"有趣的生活"。我多年前认识一位老人，他这一生最值得夸耀的地方就是"玩出了精彩"，他从小就学习唱京戏，大学时开始自学话剧表演，并且在一个学生社团里做了导演；在60岁时他突然喜欢上了网球，后来很多年轻人都成了他的球友；和这位老人在一起，他和你讨论的从来都不是追求事业的成就或财富的积累，也很难从他这里感受到生活的压力和困难，和他在一起，会让人不由自主地觉得很多事情都非常有趣。这位老人现在已经80多岁了，其实他的人生也经历了很多创伤，但从他身上很难感受到他对生活的抱怨和失望。

和这位老人完全相反，我有一位亲戚，退休之后就完全失去了生活的动力，他最大的消遣是在天气好的时候，坐在郊外的道路旁边看铁轨上呼啸而过的火车。每当想到铁轨旁他孤独且空寂的身影，都让我有一种很深的无力感和空虚感。

通过以上讨论，我们看到，作为父母，首先要聚焦于自己的个人发展，将自己的内在空间建立成为一个独立、有生命力、界限清晰且非常有趣的空间，不断追求自我的变化与成熟。当我们有了一个成熟而稳定的内在空间，才能够为我们的孩子提供一个良好的养育空间。

## 发展空间

请重新观察一下自己居住的空间。

（1）首先，从总体上感受一下这个空间带给自己的体验：是舒适的、安全的，还是压抑的、混乱的？或其他更多、更丰富的感受？

（2）接着，仔细观察一下每个房间，可以试着参考本章的内容进行观察和反思，看看每个房间有什么地方是自己特别喜欢或特别满意的，又有什么地方是自己感到非常不舒服、不喜欢的？联系一下自己的性格特点和家庭观点，你会有什么联想？

（3）如果可以做出调整和改变，只需要做一件事情，当下你可以试着做些什么呢？

第四部分
FOUR

**育婴室里的养育**

# 26

# 共情的空间

　　在前面的内容中，我们首先认识到父母的内在空间是怎样影响孩子的内在空间和自己养育孩子的方式的，也就是父母的"大房子"是怎样影响孩子的"小房间"的。然后我们讨论了怎样帮助父母提高生活质量、促进自我发展，以具备更好的养育孩子的能力，也就是父母需要首先整理好自己的"大房间"，才有可能真正改善孩子的"小房间"所处的环境。接下来，我们来讨论如何找到一些有效的方法整理孩子的"小房间"，也就是提高我们养育孩子的能力，改善亲子关系。

　　在心理咨询的专业实践中，作为咨询师，无论我们采取的是怎样的治疗方法、学习的是什么治疗流派，有两件事情是最根本的：一是与来访者建立良好的关系，二是建立一个稳定、安全的治疗环境，专业上我们称之为建立稳定的治疗设置。而如果我们希望和来访者建立良好的关系，很重要的就是能够共情来访者。

我接访过一位 60 多岁的女性来访者，她是因为和儿子、儿媳之间的冲突被家里人硬推着来做心理咨询的。她认定自己的儿媳有严重的精神问题，认定儿媳的父母是不可理喻的人，因此坚持要求儿子离婚，甚至以死相逼，使整个家庭陷入一片混乱。

这位女性本人对心理治疗很排斥，因为她认定自己没有错，需要治疗和改变的是她的儿子。在我们谈话最初的几十分钟，她充满愤怒和委屈地讲述自己为这个家做的贡献，历数儿子和儿媳的种种过错，大骂儿子不孝。这些情绪的洪流在咨询室里爆发了很长时间，我突然被这位女性深深触动，我用低沉而平稳的声音说："你奋斗了几十年，经历了很多艰辛，唯一支持你的信念就是能让儿子过上幸福的生活，现在你觉得唯一的希望被打碎了，你感到非常绝望。"这位女性愣了几秒钟，突然痛哭起来，不是因为儿子的不孝，而是因为自己内心的伤痛。那一刻，我静静地陪着她，也忍不住流下眼泪。

在这个治疗的片段里，我没有评判是非对错，没有提供任何解决问题的方法，只是用共情的方法让这位女性看到了她自己内心更深的伤痛。我想，这就是共情的意义和价值。

同样，在养育孩子的过程中，最重要的就是能够和孩子建立良好的关系基础，同时能够为这个关系建立稳定的边界和规则。而和孩子建立好的关系基础，最重要也是首先要做到的就是能够共情孩子。

## ● 理解孩子的情绪与需要

有一次，我的老师给我们看了一段婴儿观察录像，整个过程只有两分钟。录像中是一对普通的母子，孩子只有六七个月大，她们在这两分钟里只是面对面坐着，用她们平时玩游戏的方式玩。

在这段录像中，一开始母亲和孩子都笑得很开心，互动的动作也很多。很快，婴儿把头偏向一边，不再看母亲的脸，甚至把小手举起来挡在自己和妈妈之间。母亲很自然地感受到了孩子的情绪，于是她把身体慢慢向后撤退一些，脸上的笑容也收起来一些，动作和声音都缓缓停下来。过了一会儿，婴儿又把脸转向自己的母亲，手臂伸向她，发起了新一轮的互动游戏，妈妈立即回应了孩子，和孩子开始了新的游戏过程。在慢速播放录像的过程中，有些瞬间，我们甚至可以看到妈妈和孩子的表情是完全同步的。

在这段录像中，我们一起来看看这位妈妈做了什么。

（1）她识别出了孩子的情绪和需要，比如孩子有时想游戏，但有时需要和妈妈保持距离。

（2）她自己的情绪和孩子保持相似的频率，当孩子兴奋的时候，她也很愉快；当孩子平静下来，她也会保持平静和距离。

这段录像是对共情空间最深刻的诠释：在这个空间里，孩子本身的状态、需求被放到了核心的位置，母亲允许孩子引领互动的节奏，而自己相对退到了跟随者的位置。母亲稳定地陪伴在孩子身边，注意力集中在孩子身上，同时又不会占据过大的空间。

有时候，当我们的孩子感到厌倦，想要自己休息、调整一下的时候，他们会很自然地表现出对父母的拒绝。如果是内心安全、稳定的父母，就会平静地接受孩子的方式，因为他们确信当孩子需要的时候，就会回来找自己，他们之间的关系是稳定的。但是，如果父母内心有被抛弃、被拒绝的创伤，这时就可能会追逐孩子、抓紧孩子，害怕孩子离开、拒绝自己。这时候，在亲子互动的空间中，父母自身的需求就在亲子互动中占据了过大的"空间"，也就无法共情孩子的需求了。

上面所说的情况，是孩子完全有能力控制、调整自己的情绪，这时父母只需要跟随孩子的引领就可以了。还有另一种对孩子的共情，是当孩子情绪崩溃的时候，父母要能够保持自己的情绪稳定。比如当孩子哭泣的时候，父母首先要让自己放松，稳定下来，把注意力放在孩子身上，容纳孩子的情绪，帮助孩子慢下来、放松下来。这时候，父母就像一个巨大柔软的厚垫子，把孩子从下面托住，帮助他们从极高的情绪点上安全地降落下来。这种情况下，父母同样感受到了孩子的需求，孩子依然是这个空间的核心，但是父母的反应会更主动一些，够适度地引领孩子的情绪。

## ● 认识孩子独特的气质

有些孩子天生的性情比较安稳，而且他们可能对人更感兴趣，希望和他人建立更亲密的关系；而有些孩子天生比较敏感，对刺激的耐受度较低，需要一定的个人空间。对孩子的共情，除了要能够识别出孩子的情绪和需求，还要能够符合孩子天生的气质。在之前的内容中我们讨论过，气质本身没有好坏之分，重要的是父母"养育的空间"要能够与孩子天生的气质相匹配。

父母需要接受的是：孩子的先天气质基本上是无法改变的，我们只能尝试用更适合他的方式养育孩子。

我曾遇到一个小男孩，他天生活泼好动，参加一些体育训练的课程的时候，其他孩子都需要有休息的时段，他却从来没觉得疲劳。他的父母根据孩子的特质，特意为孩子选择了足球和冰球两项运动，因为这两项运动不仅运动量大，而且竞争性强，可以帮助孩子用适当的方式表达自己的攻击性。他们对孩子的学习时间也根据孩子的特质做了恰当的安排，把作业时间分割成小段，并在每一小段时间里，帮助孩子保持稳定的注意力和高效的学习状态。

## ● 选择与孩子年龄适配的方式

不同年龄阶段的孩子，对自己的情绪有不同的感知能力和不同的理解能力。当我们试图共情孩子的时候，要用和孩子年龄适配的方式。

　　情绪是一个很复杂的系统，当我们处于一种情绪状态中时，我们的身体会产生相应的反应，我们的头脑中会存在一些念头、想法，同时，我们会体会到某种情绪感受。

　　与之相应地，共情也包括不同的层面。

　　（1）身体层面的共情：在前文所述的婴儿观察录像里，那位母亲通过观察孩子的动作，理解到孩子的需要，并通过改变自己的身体动作来回应孩子的需要，这就是典型的身体层面的共情。父母看到孩子哭的时候，会很自然地把孩子抱起来，轻轻地晃动孩子，发出一些轻柔的声音来安抚孩子，这也是身体层面的共情。

　　（2）情绪层面的共情：人类天生就有一种能力，当看到别人悲伤的时候，自己也会有一些悲伤的情绪体验，看到别人兴奋、开心的时候，自己也会被调动起来。这种能力，就是情绪层面的共情能力。比如当孩子和自己的好朋友吵架了，回家来一声不吭地坐在沙发角落里，父母感受到他的愤怒和委屈，坐到孩子旁边轻声对他说："你今天看上去很不开心啊。"这就是对孩子情绪层面的共情。

　　（3）思维层面的共情：有一次我遇到一个 17 岁的女孩子，她在一所市重点高中读书，但因为持续的焦虑、抑郁情绪，已经无法继续学业，申请休学半年。通过交流我慢慢了解到，她中考时超常发挥才考入了这所高中，当时家里人都非常开心，但她心里却很紧张。一方面她认为自己的能力很有限，考上这所高中纯属运气好；另一方面她的入学成绩在学校里的排名几乎是垫底的，面对那么多成绩优秀的同学，她感到压力很大。我对她说："我感受到你仿佛被逼到了死角：你想退，但害怕面对家人的失望；你想进，却很担心自己真的没有能力赶上同学，你认为他们的学习基础比你好，学习能力也比你强。这样沉重的学习压力，让你非常焦虑、绝望。"这个女孩子认可了我对她的理解。这就是对她思维层面的共情。

从哪个层面共情孩子，并没有定规。一般来说，我们面对年幼的孩子，通常不会有很复杂的语言，更多地会使用身体层面的共情；如果我们面对的是青春期的孩子，使用身体语言就要谨慎一些，因为有些青春期的少年希望别人在身体上和自己保持距离，他们更愿意别人把自己当作成年人，做更深入的语言交流。

关于"共情"，比较有代表性的理论是比昂的"容器"概念，以及科胡特的"镜映"概念。当我们试图共情孩子的时候，我们首先会像一个容器，将孩子的情绪容纳到我们内心，然后尝试理解它、体验它，然后我们就像一面镜子，将我们体验到的内容反馈给孩子。

久而久之，孩子就会慢慢学会容纳自己的情绪，理解自己的情绪，这样的能力会让他们终身受益。

同样地，如果我们提升了共情孩子情绪的能力，我们也会相应地提升共情自己、共情其他人的能力，这会改善我们自己的情绪状态，也有助于提升我们和他人的关系品质。

## 养育空间

请仔细回想一下你的孩子有愤怒情绪的时刻，思考以下问题。

（1）通常来说，哪些事情比较容易激起你孩子的愤怒？

（2）你的孩子表达愤怒的方式有什么特点？是突然爆发，还是会积累一段时间才爆发，或者很少爆发，只是自己一个人生闷气？

（3）回想一下，有没有哪一次在孩子很愤怒的时候，你或周围其他人理解了孩子的情绪，并且很好地安抚了孩子？当时真正起效的是哪些因素？

（4）如果可以和孩子讨论，试着在孩子愿意的时候问问他愤怒的时候希望我们提供怎样的支持和帮助。

# 27

# 分享的空间

本章我们来探讨如何建立分享的空间。让我们想象这样一个为我们和孩子准备的空间，这个空间需要有墙壁、门窗起到保护和支撑作用，需要有足够的空间来容纳孩子分享的内容，空间里还要有一些舒适的陈设。要想建立这个空间，需要我们的专注力、好奇心，以及一些小技巧。

让我给大家讲一个小男孩和我一起分享的故事。我遇到小伟的时候，他 10 岁，读小学四年级。小伟成绩很好，还是班长，但他的父母对他期望极高，我和他父亲交流时，每当谈到孩子，他都会说："我当年学习根本没有人管过，我依然是年级第一名，还参加数学竞赛，我就是老师和班级的希望。"不难理解，父亲的态度会带给小伟多大压力。

但是在咨询室里，小伟只是持续地做一件事情：给我画一个漫画故事。他画的故事有点像一个电子游戏的设置：有一个小男孩，每次出门都会遇到一些妖怪，他会拼尽全力打败这些妖怪，但是下一次出门时遇到的妖怪就会更厉害，这个小男孩总在努力，力量变得越来越大，但是外面的妖怪也变得越来越厉害。

小伟给我讲他画的故事的时候，我都会仔细地听他讲，并试探着问他："这次的妖怪又增长了什么能力？这个小男孩又增长了什么能力？这个小男孩会觉得很累吗？他会不会觉得每一次出门都很恐惧啊？"我和小伟一起沉浸在他的故事里，也一起沉浸在他内心的恐惧、绝望和挣扎中。正是在这样的分享空间中，小伟的内心世界终于被他人听到、被他人理解。

同样地，我们在家庭中也可以和孩子建立一个分享空间，在这个分享空间里，我们可以和孩子一起玩，可以和孩子有很多交流；在这个分享空间里，我们将有机会深入了解孩子，也会让孩子更亲密地靠近我们；如果我们能够和孩子之间建立这样一个分享空间，同样可以把这个空间用于和其他成年人建立关系，也一定会对我们的人际关系、亲密关系有促进作用。

## ● 专注于孩子的分享

与孩子的分享空间，首先要有坚实的"墙壁"，将无关的打扰都从这个房间里清理出去，这样孩子才有可能感到安心、感到被容纳，才有可能在这个空间里充分展示自己。而建立这个坚实的"墙壁"，依赖的是我们和孩子共处时的专注力。

我的心理督导老师对我们这样说："在50分钟时间里，我们完全专注于来访者，认真听他讲，尝试理解他所说的所有内容。我们这个态度本身，就已经是重要的治疗了。"著名的人本主义心理治疗师罗杰斯（Rogers）提出了治疗的三个核心条件，其中很重要的一点就是：无条件地积极关注。

如果你仔细观察一下我们的日常生活，去看看咖啡馆里正在交谈的朋友，去看看饭店里正在一起吃饭的情侣或家庭，或者留意一下自己和朋友或家人的谈话，你就会发现：很多人只想说，而没有兴趣听。说得更极端一些，有些人只关注自己，很少关注别人。

而如果父母能为自己的孩子撑起一个不一样的空间，在这个空间里，没有无关的打扰，父母可以稳定地关注孩子的行为、倾听孩子说的话，孩子会真实地体验到自己在父母内心的价值，而这种稳定的价值感会支撑起孩子的自信心。而且这样的互动时光每天并不需要很多，哪怕只是十几分钟，就能给孩子带来这样的体验。

### ● 对孩子充满好奇

前文讨论过，在亲密关系中、人际关系中，包括在我们对待自己的态度中，"好奇心"是非常重要的。对待孩子，更要有好奇心。

我女儿很小的时候，有一次她把一张白纸涂满了颜色，非常兴奋地奔到我面前，让我看她画得好不好。大家注意，她把整张纸都涂满了同一种颜色，任凭你怎么看，都不可能看得出来她画的是什么，更不可能说出夸赞的话。我问她："你这里面画的是什么？"立刻，这个兴奋的小朋友就滔滔不绝地给我讲了一个漫长的故事，故事里有长发的公主，公主有一个好朋友是一条小狗，而我看到的整张纸的颜色，就是长发公主的头发，很重要的是，这个公主的头发是她最喜欢的玫红色！

这就是一个孩子的内在世界，她的幻想、她的激情、她的创造力，就隐藏在那些色彩鲜艳的线条后面，只等着我的好奇心来开启。

和大家分享一个小技巧，当我们分享孩子的作品时，当我们分享孩子的故事时，可以试着对每一个部分，或者对一些细节也保持好奇心。记得有一个十几岁的女孩曾和我分享她刚刚画的一幅画，画面上呈现的是武器、战争、冲突，但在这幅画的一个小角落里有一只小鹿。我问她："这里是什么？"她回答："这是我唯一的朋友，很多年前，唯一一个愿意和我放学一起走回家的朋友。"那一刻，是我的专注力和好奇心，让这个女孩允许我分享她的内心世界。

以上讲的情况都是我们在游戏情境下和孩子之间的分享，还有一种情况，就是我们的日常分享。

保持好奇心的第二个小技巧是，清空自己的内心，不要做太多的预设。如果父母在和孩子交流的时候，满脑子都是孩子的学习，都是想要教育孩子，问的大多是"上课认真听了吗？""作业做完了吗？""什么时候考试啊？""哪些人考的分数比你高啊？"之类的问题，这样的日常交流，反而会破坏父母和孩子之间的关系。因为这样一来，和孩子共处的空间就被父母的期待、预设填满了，孩子没有办法把自己的生活、自己的经历放到这个空间里，也无法感受父母对自己的关注和好奇，也就不愿意和父母分享任何事情了。

### ● 使用描述，而非评价

想要和孩子建立一个舒适的分享空间，还有一个小技巧就是尽量使用描述性语言，不要使用评价性语言。

当孩子和我们分享他的作品、故事或游戏时，尽可能不要用是非对错、好坏优劣来评价。比如孩子给我们看他画的画，我们不要急于说"哇，画得好棒！比昨天的那张有进步呢"而可以说"嗯，我看到这里画的是一个绿色的太阳，下面的小狗是蓝色的……"

因为任何评价性的语言，无论是夸赞还是批评，无形之中都把我们成年人的价值观带入了孩子的世界。孩子就会为了得到父母的认可，试着修正自己、改变自己，让自己符合父母的价值观。在父母和孩子的分享空间里，如果父母使用描述性语言，就好像这个空间的陈设都是为孩子的需要设计的；如果父母经常使用评价性语言，对于孩子而言，就像我们买了一个很不合适的沙发，我们不得不调整自己的坐姿来适应这个沙发。这是违背我们的初心的——我们的目标是更深入地了解孩子，让孩子感受到信任和亲密。

当我们真正建立起一个分享空间，我们要给孩子一个机会，让他们把自己真实的生活、真实的内在体验放进去，而且让他们在这个过程中感受到自己在父母心目中的价值，这种价值感会伴随他们一生，成为他们内心自信与力量的来源。

## 养育空间

请选择一个你信任的成年家人或朋友，共同进行下面的练习。

（1）请确定你们两个人的角色：分享者和倾听者。

（2）请分享者用 15 分钟的时间讲述本周让自己印象深刻的一件事情。

（3）请倾听者认真倾听，并努力做到专注和有好奇心。如果要回应，请使用陈述性的语言，而不要进行任何评价。

（4）请分享者与倾听者交换角色，重复上面的步骤。

（5）完成以上步骤之后，请交流一下这个过程中你们的感受。

（6）请试着把这次练习获得的能力用到与孩子的相处中，看看会带来怎样的亲子关系体验。

# 28

## 规则清晰的空间

通常当一个孩子第一次来到咨询室时，我会告诉他我是谁，以及他为什么要和我见面。接着我会邀请他在咨询室里做他想做的事情，说他想说的话。但同时我会和他明确，在咨询室里不能故意损坏玩具或其他物品，不可以故意伤害自己，也不可以故意伤害我。这里所说的伤害，主要是指身体上的攻击。我还会告诉孩子我们每次的咨询时间是 45 分钟，我们会在约定的时间见面，还会有一个固定的见面频率。

通过这些话，我向孩子说明了真相：我是咨询师，而他因为遇到一些困难，被爸爸妈妈带到了这里，或者是由他自己选择来和我见面。在我的工作中，不止一次遇到父母对我说："我们担心孩子知道自己在做心理咨询会有心理压力，所以你可不可以说你是我们认识的朋友，或者一位普通的老师？"通常我都会坚持告诉孩子真相，因为咨询是不可能建立在谎言的基础上还能够发挥作用的。这也是本章要强调的第一个部分：规则，可以帮助孩子认识真实的世界。

同时，我一方面邀请孩子在咨询室里自由地玩、自由地表达；另一方面我也和孩子设立清晰的规则。因为规则和自由并不矛盾，恰恰是规则在保护孩子的自由和安全。

规则与自由之间的关系，就像婴儿和"婴儿床"。表面上看，婴儿床的围栏限制了婴儿的行动自由，但实质上它给了婴儿最大的自由，因为它首先确保了孩子的安全。如果婴儿床上没有护栏，婴儿稍不小心就会从床上摔下去，会很疼，甚至会受伤。这样摔过几次之后，婴儿一定会被吓坏，可能会待在床上不敢动。这样一来，婴儿的自由反而被完全限制了。所以，在养育孩子的空间中，我们必须要建立清晰的规则和界限，这些规则的确会限制孩子的行为，但同时这些规则也是在保护孩子。没有规则的养育，就像没有围栏的婴儿床，不但不会帮助孩子自由发展，反而会让孩子体会到混乱、恐惧，无法继续发展。

从成年人的角度看也是同样的道理：当我们面对一望无际的大海、面对广阔的大草原时，内心是什么感受？可能很多人会感到敬畏，甚至恐惧，因为那一刻我们不会觉得自己真的自由了，反而可能感觉自己失去了方向、依靠和引领，感觉到自己茫然失措。作为人类，"绝对自由"其实是一种全能的幻想，人类在生理上本身就有各种能力的限制，生活在人类社会中，也必须遵从社会规则。

当我见到小浩的时候，他是一个小学四年级的男孩，在学习、人际关系和情绪上都出现了问题，无法适应学校的正常学习生活。而他家里最大的特点就是规则混乱。小浩的父母工作非常忙，小浩从小主要由奶奶照顾。奶奶非常宠爱孙子，几乎什么事情都顺着他。有一次小浩和幼儿园的小朋友发生冲突，奶奶冲到那个孩子的家里大吵大闹了一番。而如果小浩欺负了其他小朋友，奶奶就会到幼儿园为孙子做各种辩解。时间久了，大家都觉得小浩是班里的小霸王，小朋友们都不愿意靠近他。

进入小学后，小浩因不能适应学校的各种规则和要求，学习成绩落在了班级倒数。他的父母觉得必须要管管儿子了，但是他们管教孩子的方式非常简单粗暴，就是打骂和各种惩罚，这又引发了奶奶和父母之间的强烈冲突。在这种家庭环境中，小浩的状态变得更差了。进入三、四年级，学习难度加大，小浩不仅学习成绩跟不上，和老师、同学的关系也非常恶劣，他自身也出现了一系列的情绪问题。

通过小浩的成长经历，我们一起来看看建立规则和界限对一个孩子的成长究竟意味着什么。

## ● 建立规则，认识真实的世界

当一个婴儿来到这个世界上时，这个世界对他来说是完全陌生的。他是通过父母的反应、依靠父母的引导来逐步认识世界的。比如，家里有三四个成年人，一个小朋友想要吃一块糖，他先去问妈妈："我可以吃糖吗？"妈妈说："不可以。"小朋友会试着去问其他成年人同样的问题："我可以吃糖吗？"

这就是一个孩子探索和认识世界的方式，他在尝试认识自己的欲望和现实规则之间的关系，也在尝试认识整个家庭的关系。

一个孩子从婴儿逐渐成长为成年人，实质上是从自己的内在世界，甚至是幻想世界逐步走入现实世界的过程。在小浩的家庭里，作为一个小孩子，小浩一定有很多愿望想要被满足，这时他的奶奶似乎也沉浸在自己的幻想中："我爱我的孙子，所以他所有的愿望都必须得到满足。"奶奶没能帮助小浩看到，在现实世界里，每个人都只能有限地满足自己部分的愿望。

孩子在成长过程中，还需要从只关注自己的状态中逐步走出来，发展出理解和共情他人的能力。小浩在幼儿园里喜欢小朋友的玩具就去抢，不懂得和小朋友沟通，不懂得和别人交换玩具或借来玩一玩，结果引发了和小朋友之间的激烈冲突。放学后，小浩哭着告诉奶奶小朋友打他，奶奶就带着小浩到对方家里大吵大闹。在这个过程中，小浩没有学习到和同龄孩子友好相处的能力，反而养成了霸道、蛮横的性格，而他也逐渐失去了和同伴成为朋友的机会。

规则和界限还培养了孩子应对挫折的能力。比如小浩喜欢吃糖这件事情，如果有人对他说："你今天吃的糖已经很多了，不可以再吃了。"他一定会觉得生气、沮丧、失落，这时成年人可以引导他：我们不吃糖，可以吃点水果；或者今天我们不吃了，明天还可以吃；或者今天我们不吃零食了，过一会儿我们吃饭，现在我陪你玩一会儿，给你讲个故事。这样，孩子就可以在这个过程中学会，当他的愿望没有得到满足，感受到挫折的时候，可以通过忍受这种感觉，或者转移注意力，或者寻找替代的方法来让自己慢慢化解负面情绪。但小浩的成长中非常缺乏这些能力的培养，他进入小学后，遇到有些题目不会做，就会情绪崩溃，完全无法忍受挫折感。在课堂上，他也很难控制自己的注意力，只要他觉得老师讲的内容有些无聊，或者有点听不懂，他马上就会很烦躁，甚至想离开座位去别处玩。这都给他的学习带来了极大的困难。

让孩子学会遵守规则的目的是帮助孩子认识真实的世界、认识真实的他人；是保护孩子、帮助孩子学习和他人建立良好的关系；是为了让孩子逐步拥有耐受挫折的能力。

养育孩子，建立清晰的界限，是帮助孩子发展和成熟的重要环节。

那么，父母该如何与孩子建立规则和界限呢？

## ● 做一个不报复、不惩罚的养育者

规则就像我们房间的墙壁，如果一拳打在墙上，肯定会很疼，甚至会受伤。但是墙壁绝对不会主动伸手过来打人。换言之，在养育中建立规则，要让孩子认识到，如果不遵守规则，就要承担相应的后果。就像墙壁是具体、明确的存在一样，我们和孩子建立规则也要清晰、具体、明确。墙壁是不能移动的，和孩子建立的规则虽然需要有一定的灵活度，但也不能完全随着父母的心情和需要任意更改，要有一定的稳定性。

对小浩来说，奶奶的过度宠溺阻碍了他的发展，而之后父母的暴力管教又变成了真正的创伤。在小浩小学一年级的第二个学期，父母接手管理小浩的学习，这时小浩的成绩在班级里排名倒数，注意力难以集中，还完全没有养成稳定的学习习惯。

但是，他的父母完全无视他的现实困难。对于小浩无法完成家庭作业，拖到很晚都没法上床睡觉的状态，他的父母没有积极去了解孩子的学习困难，而是大发雷霆，轻则大骂孩子无能，重则动手打孩子。

这给小浩带来了恐惧感，他想好好学习而逃避父母的惩罚，但他又不知道自己应该怎么学，完全被困在了一个极度恐惧的僵局当中。

养育孩子，建立规则，父母要保持自己的稳定与权威，这一点在建立规则中非常重要。面对规则，孩子常常会表现出抗拒，会产生各种各样的负面情绪。这时候父母要能够承担起责任，稳定地面对孩子的攻击行为和负面情绪，但同时也要能够坚守自己的立场。当小浩的父母和奶奶因为小浩的问题不断争吵的时候，他们已经忘记了保护孩子的感受，也逃避了自己的责任。

### ● 根据孩子的年龄特点建立规则

建立规则的时候，最忌讳的就是唠叨和讲大道理。面对年幼的孩子，我们只需要告诉孩子什么可以做，什么不可以做就行了。可以根据孩子的理解力，简单地做一些解释，比如：吃糖太多，牙齿会很痛，要去看医生等。

对年龄稍大的孩子，要将遵守规则和孩子为自己的生活负责联系在一起。例如，如果上课迟到会影响学习效果，也会影响和老师、同学的关系，还会违反学校纪律，这些后果都需要孩子自己理解，并且为自己的生活承担责任。

而对年龄更大的青少年，则需要更多沟通和深层理解。我的一个朋友告诉我的一件事情给了我很大触动：他读高中时是学校的尖子生，可是某一天他突然和父母说："我不想读书了，人为什么一定要考大学，那些没有考上大学的人，当工人或做其他工作不是一样活得很好。"他的父亲很坚定地对他说："的确，很多人没有考上大学依然可以生活得很好。但是如果你不读书，没有学历，你在这个社会上能够主动选择的机会就很有限，很可能只能被动地接受选择。"我的朋友从他父亲那里感受到了被尊重，他理解到自己有选择的自由，而且必须为自己的选择负责。

## 养育空间

尝试和孩子建立一种规则，帮助孩子建立良好的睡眠习惯，也就是在规定的时间上床睡觉。

（1）和孩子一起讨论，约定一个大家都能够接受的时间点，并且要让孩子理解这个规则的现实理由。

（2）询问孩子，为了建立这个习惯，需要父母提供哪些帮助，以及他自己具体会做些什么来确保达成目标。

（3）尝试观察孩子接下来的完成情况，如果没有完成，和孩子一起讨论困难究竟是什么，具体可以做哪些改进。

（4）继续做尝试，如果孩子始终无法遵守约定的规则，要尝试设置一些更有力的限制方法，但要和孩子预先说清楚。

# 29

# 引领的空间

　　面对孩子的问题："爸爸妈妈，你们为什么要去上班？""爸爸妈妈，我为什么要努力读书？"很多父母的回答是："爸爸妈妈上班，是为了赚钱啊，赚了钱，才可以给你买玩具、买好吃的呀。""你现在努力读书，就是为了考一个好大学啊。"

　　对于这些回答，大家有没有隐隐觉得哪里不妥？我发现这里面有一个很有趣的"苦与乐逻辑"，具体来说，就是我们正在做的事情是非常辛苦、非常痛苦的，比如上班、上学很累、很苦、没有人喜欢的；而我们之所以忍受这份痛苦，是因为我们希望得到的结果是好的、是甜的、是一个奖励。也就是说，我们将过程看作是苦的，将结果看作是甜的。

　　这些问题表面看似乎很简单，但其实其中涉及哲学层面的思考：生活的意义和乐趣究竟是什么？有一部电影叫《心灵奇旅》，里面有一个小灵魂，他只有找到生存的意义和乐趣，才可以在人世间开始生活。在天堂里，无数已经死去的灵魂向他传授生存的价值，其中不乏人类历史上伟大的科学家、政治家、艺术家等，但是没有任何一个人可以激活这个小灵魂内心对生活的渴望。而最有意思的是，机缘巧合，这个小灵魂短暂地体验了一下生活，他没有惊心动魄的壮举，有的只是对生活中每一个瞬间的感悟，而这让他最终爱上了生活。

在这部电影里，我很喜欢其中的一小细节：每一个准备在人世间出生的小灵魂，都需要让自己的小胸牌完整，要被最后一盏灯点亮。这个隐喻非常动人，其实生活的意义和乐趣就像一盏灯，让整个生命都可以变得完整和明亮。

我曾经有一段对大学生进行心理辅导的工作经历。当时我接触的学生都是在小学和中学时成绩优异，却在大学阶段彻底迷失了。在这些学生中，伟强的故事给我留下了深刻的印象。

当我见到伟强的时候，他已经将近一周没有回学校了，是他的班主任和同学从学校附近的网吧里找到了他。伟强进我办公室的时候，身上穿着不合时宜的单薄衣服，神志有些不清醒，因为长时间窝在网吧里，他身上散发出异常强烈的酸臭味。看着他的状态，我只能说："你先回宿舍洗澡、吃饭、睡觉，等你休息调整好了，我们再开始谈话。"

在后来的交流中，我慢慢了解到：伟强从小是个很聪明的孩子，父母对他有很高的期待，而且管得很严。伟强进入初中后，他妈妈为了能够"盯紧"他的学业，选择辞职在家，把全部的精力都投在伟强身上。从小到大，他听到父母说得最多的一句话就是："你要好好学习，其他什么都不用管，你的目标就是考上一所好大学。"高考成绩出来，他的确没让父母失望，收到大学录取通知书，他的父母宴请了很多亲戚，还有曾经教过他的老师。

但伟强进入大学之后，面对新的生活他彻底失去了方向。在家时，父母一味强调学业的重要性，任何家务事都不要他做，而到了大学，他才发现自己连最基本的生活技能都需要从零学起；在学习方面，以前他的学习都是老师、父母紧紧盯着，但到了大学，没有了父母和老师的督促，伟强晚上打游戏、早上起不来，经常缺课。他不知道自己为什么要学习也对父母替他选的专业丝毫提不起兴趣，也不知道怎么处理和其他同学的关系。同学们热火朝天地参与各种社团活动、认识新的朋友，他却完全不知道自己可以做什么。

期末考试时，伟强多门功课不及格，这让他彻底失去了自信心和目标感，更加沉迷网络游戏。由于经常逃课，严重违反校规，再加上多门功课不及格，伟强面临着被退学的可能。

事实上，在大学里有不少像伟强这样的年轻人。当他们考入大学，开始全新的、独立的生活时，却有一些年轻人丧失了生活的意义与乐趣。

上面的故事让我们体会到，引领孩子的生活、引领孩子体验到生活的乐趣与意义，有多么重要。

接下来我们谈一谈怎样建立一个引领的空间。

## ● 要切身体会，不要讲大道理

我的一个朋友有一次对我说：他小的时候，总觉得父亲说什么都是对的，父亲要求他和弟弟要有男人的担当，要诚实、正直。在很长时间里，父亲都是他心里的方向标。但后来，他从周围人谈论父亲时的语气、方式中，慢慢感受到父亲似乎并不是像他自己说的那样。"我现在终于发现，当面对真正的利益时，他的眼里只有自己，哪怕是和家人、亲人在一起，他心里处于第一位的还是自己。"说完这句话，我朋友眼中闪过非常复杂的神情。我理解他内心的感受，他的父亲曾做了很多伤害家人的事情，既不诚实也没有担当。

父母与孩子之间的关系，往往不依赖于父母说了什么，而是用什么方式说，以及做了什么；父母与孩子之间的关系，往往是在潜意识层面上的沟通与互动。我曾经在亲子教育的书里看到建议父母抽空带孩子参观自己的工作场所。我个人很赞赏这样的活动，这样的活动可以让孩子体会到真实的生活场景是什么样子，体会到父母的职业现状和职业态度。

这让我再一次想到电影《心灵奇旅》，为什么那么多伟大的人物都没有激活小灵魂内心对生活的渴望？因为他们想向小灵魂灌输一种道理，一种他们自己认为的人生哲学，小灵魂对此却只会感到压迫，没有体会。而最后小灵魂自己体验到了真实的生活，产生了和这个世界的联结，激活了他内心对生命意义的热情。

我们在第25章探讨了如何建立一个足够好的成人空间。实质上，如果我们做父母的，能够把自己的生活安排得丰富且充满乐趣，就是对孩子最好的示范和引领。我们并不需要把我们的人生理念灌输给孩子，如果允许他们从旁观察，允许他们自我体验、自我探索，他们最终会找到属于自己的存在意义。

● **把孩子的生活还给孩子**

前文讲到大学生伟强的故事，在他的成长经历中，最大的问题的就是，他的父母完全掌握了生活的控制权，把孩子放在一个他们设定的轨道上，让孩子失去了生活的话语权和兴趣。

伟强告诉我，在他初中的时候，有一次妈妈带他去参加一个聚会，几个父母围绕着孩子的学习讨论得热火朝天：要选什么样的补习班，中考要注意些什么，要选择什么样的高中，等等。这些父母兴奋地分享着各自的经验。那一刻，伟强坐在这些成年人当中，只是觉得很空洞、很茫然。"我觉得自己就是一个提线木偶，每走一步，都是被父母安排好的。"伟强黯淡地对我说。

有些父母，他们的内心是空洞和茫然的，他们并不知道生活的意义究竟是什么，只是孩子的学业——那种竞争带来的自恋满足刺激了父母，让他们把孩子的学业变成了自己比拼的"战场"。

所以我多次强调：要把孩子的生活还给孩子。前文提到"苦与乐的逻辑"，实质上，孩子与成年人的思维模式是不同的，越是年幼的孩子，越是关注事件的过程，而不是事件的结果。例如小孩学习走路的时候，他会一次次摔倒，会很累，有时也会摔疼、会哭，但是没有一个孩子会因为这些体验而放弃学习走路。

弗洛伊德认为每个人内心都存在着"生本能"，在生本能的驱动下，我们想获得更多新鲜的体验，我们希望拓展自己的生活，我们期待发展与成长。而有的父母却似乎看不到孩子想要成长和发展的欲望，他们内心有两个假设：第一，学习是很苦的，没有人喜欢学习；第二，孩子天生就是想偷懒的，父母必须管理孩子的学习。

基于父母这样的假设，孩子会失去学习的兴趣，完全依赖于父母的催促和监督。学习让父母和孩子变得对立起来。

## ● 认识孩子自身的特点，培养孩子的兴趣

伟强的父母在为伟强选择大学专业时，只考虑就业前景，并没考虑伟强本人的特点，这也是造成他在大学期间学习困难的一个重

这样和孩子相处
给孩子足够好的原生家庭

要原因。

如果有人对心理学有兴趣，可能听说过霍兰德职业兴趣测试，这个测试可以帮助人们了解自己适合什么类型的职业。这个测试包括两个方向：第一个是个人的特质，第二个是个人的兴趣。

我大学时参加过一次全市范围内的大学生活动，我的座位左侧是一个军事化管理学校的学生，右侧是一个艺术表演学校的学生，两个学校的学生在现场的氛围给我留下了深刻的印象：艺术表演专业的学生穿着非常时尚，而且极富个性，在整场活动期间，他们非常兴奋，给自己的队伍助威时，又唱又跳，啦啦队的口号也是花样繁多，虽然是观众，但他们有时比台上的演员还要活跃；而另一侧的学生穿着整齐的制服，整场活动的过程都比较沉默，即使是为自己的队伍喊加油，也是整齐划一的。

我们设想一下，如果一个性格活跃、个性张扬的年轻人身处军事化管理的学校，他会有什么样的体验？反之，如果一个性格内向、喜欢沉思的人不得不去做那些需要一直与人打交道、需要热情开放的工作，会有多么痛苦。

因此，当我们指引孩子未来的方向时，应该重点考虑孩子本身的气质类型、性格特质和兴趣所在。

相对于之前我们用房子做比喻所论述的成长空间，本章讨论的"引领的空间"，是要让孩子走出我们的"房子"、进入外在的空间、进入未来的空间。未来的道路只能靠孩子自己的双脚去丈量，而在此之前，我们要能够帮助他们内化我们对生活的基本态度，学会为自己的生活负责，并且理解自己特质与兴趣所在，最终选择属于自己的生活方向。

## 养育空间

假设今天你的孩子正面临高考，你会怎么帮他选择学校和专业呢？

（1）你孩子的兴趣爱好是什么？能力和优势表现在哪些方面？

（2）完成大学学业之后，你希望孩子具备什么能力？

（3）大学是一个资源非常丰富的地方，有优秀的老师、丰富的社团活动等，你希望孩子怎样利用大学的资源？

最后，请回答以下非常重要的问题。

（1）你为什么希望孩子读大学？

（2）如果孩子选择不上大学，他还可以选择什么？对他的生活会有什么影响？

本章内容将讨论孩子发展的轨迹和特点，帮助父母初步了解儿童青少年成长的过程。

我在工作中曾接触过这样一个家庭，家里 14 岁的女儿小慧由于对学习过度焦虑，出现了失眠、暴饮暴食等情况，甚至出现了厌世情绪。小慧的父母非常担心、焦虑，和孩子一起来见我。当我和这个家庭交流的时候，有两件事情吸引了我的注意力。

第一件事情是关于初中升高中择校的问题。这个家庭生活在一线城市，升学压力很大，小慧的学习成绩一直不错，她就读的初中也属于比较好的学校，她的家人希望她能够进入这所城市最好的高中，但是以小慧的实际成绩，考入最好的高中很难。我问小慧的父母为什么小慧必须进入最好的高中读书，她的父亲说，最好的高中对孩子的学习管理非常严格，孩子在那里上学，家长比较放心；如果孩子考入对学生管得比较松的学校，担心孩子没人管了，成绩就会下滑。

我听到这个理由觉得很困惑：小慧从上小学开始，一直是个温顺、自律的孩子，成绩一直都比较稳定，而且这个孩子现在因为学习焦虑，已经出现了一系列的心理症状。很显然小慧是一个愿意努力学习、希望自己取得好成绩的孩子，为什么她的父母依然认为如果没有老师的严格监督，她就会放任自己呢？

第二件事情是因为小慧喜欢用手机逛淘宝而引发了很多家庭冲突，小慧会在淘宝里看各种各样的商品，但她并不会买很多东西，只是看商品页面。而小慧的母亲认为她在手机上浪费了太多时间，如果她能够减少看"淘宝"的时间，成绩一定会更好。

我可以理解父母的焦虑与期待，但小慧是一个有自律能力的孩子，作为一名初中生，她需要父母和她进行更深入的沟通，比如选择高中的理由、未来考大学的方向、提高学习效率的有效方法等。另外，整个家庭也需要正视小慧实际的学习能力，重视她的心理问题，如果她的学习能力确实无法考入最好的高中，其他学校也许是更好的选择。

通过小慧的例子，我想和大家呈现三个问题：一是初中生的心理发展特点和心理需求是什么；二是当孩子出现问题时，需要父母更加重视；三是对于初中生孩子，父母与之沟通的方式要改变，不能再用养育幼儿园小朋友或小学生的方式了。

## ● 稳定的发展轨迹

每一个孩子都有自己的气质特点，有些孩子活泼好动，有些孩子安静稳重；有些孩子外向开朗，有些孩子内向羞怯。孩子的气质具有先天性，后天的养育需要识别孩子的先天气质，因材施教；而试图改变孩子的先天气质，不仅不太可能，更有可能造成孩子成长的困境。

而且孩子在成长的过程中，本身就会连续不断地出现很多问题，举一个最简单的例子，如果我们看到一个一岁左右的孩子正在跌跌撞撞地学习走路，我们一定不会认为这个孩子有发展障碍。和学习走路一样，孩子在生活自理能力、人际交往能力、认知能力等方面都需要大量的学习和实践，有时他们会出错，有时他们会做不到，这都是正常的发展现象。因此，当我学习儿童青少年治疗的时候，我的老师曾告诉我们："我们给一个孩子做心理治疗，目的不是让他变得完全没有问题、没有困难，重要的是让这个孩子回到正常的发展轨道之中。"

既然孩子的气质特点千差万别，而且孩子的发展过程本身就会出现各种各样的问题和困难，那么我们怎么判断这个孩子是否处于正常的发展轨道上呢？我想，下面的这些维度可以作为重要参考。

（1）生理方面的健康发展

在生理健康方面，我们主要从两个角度来理解。

第一个角度是，年幼的孩子的健康状况在医学检查中是否达标，既可能反映出孩子的生理健康，也可能反映出孩子的心理健康。例如，一个孩子如果体重一直不达标，他有可能是存在生理发展、生理健康问题，也有可能存在亲子养育、心理发展问题。

第二个角度是，当孩子出现生理疾病或存在一些先天的生理发展障碍时，我们同时也要关注孩子的生理疾病所造成的心理问题。例如，年幼的孩子需要手术治疗，疾病的痛苦、对手术的恐惧、对死亡的恐惧、与父母家人暂时的分离、和同龄伙伴的分离等，都有可能造成孩子的焦虑和抑郁。

（2）学习能力的发展

虽然我不赞成成绩至上，但我认为一个学龄期的孩子能够顺利完成学校规定的学习任务是发展的一个重要维度。因为学习的能力代表着一个孩子能够从外在世界获取新的知识并稳定发展进步的能力，良好的学习能力会促进一个人的终身发展。同时，良好的学习能力会和学习兴趣、自我管理、自信心等方面紧密相关。

如果一个孩子无法适应日常的学校教育，就需要关注其智力发展和心理发展状态，同时还需要关注由于学业挫折带来的一系列心理问题，如自信心遭受打击，人际关系差等。

（3）人际关系的发展

在学龄前，孩子的人际关系主要集中在和成年人的关系中。到了学龄期，尤其是青春期，一个孩子与同龄人的人际关系就变得非常重要。这里我要强调的是，孩子的个性差异很大，不需要强求他们和所有的同学都有亲密的关系，只要能够和几个同龄人建立稳定、亲密的关系就可以了。但如果孩子在学校一个好朋友都没有，就需要引起我们足够的关注。而且过度孤独的孩子很容易成为校园霸凌的对象。

在孩子的人际关系方面，还需要关注孩子与老师之间的关系。这里我并不是说孩子要学会讨好老师，也不是说如果孩子和老师之间关系不好，就一定是孩子自身的问题。但是，老师是给予孩子知识、引领孩子发展的重要他人，也是孩子成长发展中的重要资源，如果一个孩子和所有的老师都关系恶劣，就会对孩子的成长和发展造成严重的破坏，也意味着这个孩子与权威之间的关系存在重大问题。

（4）兴趣爱好的发展

除了日常的学习，孩子还需要发展出属于自己的兴趣爱好，在前文"足够好的成人空间"主题中，也强调了兴趣爱好对于一个人毕生发展的重要意义。

（5）自我认同的发展

自我认同的发展是一个比较复杂的问题，在孩子进入青春期之后，这个主题会格外凸显。从外貌到性格，青少年都在不断地重新认识自己，他们也在尝试寻找自己生活的意义，探索自己在社会中的角色。因此，我们要能够在生活的意义、乐趣方面真正地引领孩子、帮助孩子建立一个稳定而良好的自我意象。

如果一个孩子在学业成就、人际关系和兴趣爱好方面持续认为自己是一个很糟糕的人，没有价值感或自我价值感非常不稳定，忽而觉得自己无所不能，忽而又觉得自己一无是处，就需要引起父母的关注和支持。

前文提到，我们不仅要认识到孩子在发展中的特点和遇到的困境，还要认识到我们的养育方法是否适合孩子的发展特点。回到关于空间的比喻，当我们的孩子还是个婴儿时，我们把他们放在婴儿床里，但是当孩子进入青春期，我们需要给他们一个属于自己的房间，并尊重他们对房间的各种权力。

同样地，随着孩子的成长，我们养育孩子及和孩子相处的方式也要不断调整和改变。有心理学观察研究发现，即使是幼儿园的小朋友，当他们遇到比自己小的婴儿时，他们的语言方式也会自然而然地做出调整。似乎这时他们已经意识到，婴儿理解语言的能力和自己的同龄伙伴是不一样的。

## ● 发展中的养育空间

在如何发展养育空间的问题上，我重点讨论三个方面。

（1）生活照料的变化

在网络上有一句戏谑的说法：有一种冷，是妈妈觉得你冷。细细想来，这句话其实有很多深意。孩子在幼儿时，的确在生理方面依赖于成年人的照料，是冷是热，什么时候吃东西，都需要成年人的照顾。但随着孩子的长大，如果照顾者照料孩子的方式没有什么变化，就会阻碍孩子的成长。

如果照顾者能够把孩子视为一个独立的个体，看到孩子持续的发展变化，理解孩子在各个阶段的不同需求，在养育方式上就会做出相应的调整。

同时，这可能也意味着掌控权的争夺，如果孩子连自己是冷是热、应该穿多少衣服都不能根据自己的体验决定，也就意味着孩子不是一个独立的个体，只是照顾者的一个附属品，孩子与养育者之间的身体界限、心理界限就被破坏了。

随着孩子年龄的增长，让他们在生活中更多地照料自己，引导他们承担更多家务、适当照顾别人，这样才能帮助孩子发展出责任感和与人相处的能力。

（2）规则与界限的变化

本书第 28 章讨论了规则的重要意义及建立规则的有效方法，

这里要强调的是，建立规则一定要配合孩子的发展特点。

孩子的成长会经历一个由服从外部规则逐渐转变为服从内部规则的过程，也就是孩子逐渐理解规则，并把规则内化为自己内在空间的一部分。这也是我们养育的目标和方向，当孩子很小的时候，我们直接告诉孩子什么可以做，什么不可以做，随着孩子年龄的增长，我们要做的是更多地解释规则的意义，帮助孩子建立起良好的自我管理能力。

（3）语言沟通的变化

在语言沟通方面，父母常常会出现两种问题：第一种是面对年幼的孩子讲太多大道理、做过多的解释。而这种方式只会让孩子感到无法理解、信息量过大。对于年幼的孩子，我们的语言要更贴近生活，要简短、生动。

第二种是面对青春期的青少年，父母简单粗暴地要求孩子服从，不尊重孩子自己的理解和思考能力。对于青少年，父母要用更平等的方式与孩子讨论，多听听孩子自己的想法和判断，甚至可以尝试和青少年探讨一些深刻的话题。

从"空间"的角度，评判一个孩子的内在空间是否处于恰当的发展轨道上，从以下几个方面去观察和判断：（1）观察这个空间是否安全、稳定，这和孩子的生理健康紧密相关；（2）观察这个空间是否足够开放，能够获取并输出信息，这关系到孩子的学习能力和人际交往能力;(3)观察这个空间是否足够丰富,有属于孩子的兴趣爱好;(4)观察这个空间是否具有独立性,并且整合、完整,这关系到孩子的自我认同。

而随着孩子的成长,我们养育的方式要能够理解和支持孩子的独立、促进孩子的发展。因此,在亲子互动中,我们要给予孩子越来越大的空间,孩子在自己的空间里要有越来越多的决定权,同时也要承担起越来越多的责任,父母的空间与孩子的空间要逐步分离,界限越来越清晰。

## 养育空间

尝试想象自己回到和自己的孩子同龄的时候,你会期待你的父母怎样对待你?

(1)在生活照料方面,你希望父母怎样做?

(2)在建立规则、界限方面,你希望父母怎样做?

(3)在那时候,你希望父母可以和你交流些什么?用什么方式交流?

(4)在那个年龄阶段,你想和父母交流什么?不想和父母交流什么?原因是什么?